HECTOR-HOGIER

PARIS A LA FOURCHETTE

TROISIÈME SÉRIE

Curiosités

Parisiennes

PARIS

HONORÉ CHAMPION

Libraire de la Ville de Paris et de la Société
de l'Histoire de Paris

5, Quai Malaquais, 5

Librairie **HONORÉ CHAMPION**, Editeur

5. *Quai Malaquais, PARIS*

ALEXANDRE (R. . **Le Musée de la Conversation** Répertoire de citations françaises, dictons modernes, curiosités littéraires, historiques et anecdotiques avec une indication précise des sources, 4ᵉ édition, revue, comprenant les « Mots qui restent » et de nombreux articles nouveaux. 1902, 2 vol. in-8. **15 fr.**

« On rencontre journellement, dans les lectures ou dans la conversation, non seulement des citations dont la source est supposée connue de tous, mais un nombre illimité de phrases courantes et expressions qui ont reçu un sens spécial, on pourrait dire un supplément de sens, des faits ou des ouvrages qui les ont rendues proverbiales... En général nos dictionnaires et encyclopédies se sont peu préoccupé de résoudre ce genre de problèmes. Soit à cause de la difficulté de fournir des documents, soit par dédain pour des façons de parler trop vulgaires. ils se contentent, le plus souvent lorsqu'ils les enregistrent, d'en faire comprendre le sens sans en préciser l'origine. » M. Roger Alexandre s'est attaché avec minutie et exactitude à résoudre ces problèmes. Une table des auteurs cités et des en-têtes complète ce remarquable travail.

BATIFFOL (Louis). **Jean Jouvenel, prévôt des marchands de la ville de Paris,** 1894, in-8. **10 fr**

Prévôt des marchands, avocat général du roi, Jean Jouvenel connut l'émeute Cabochienne de 1413 et la rentrée des Bourguignons à Paris en 1418; il sut se rallier à la fortune naissante de Charles VII et finit président du parlement à Poitiers. Nombreux documents sur la famille de Jouvenel, qui tire son origine des drapiers Troyens; Michelle de Vitry, femme du prévôt; les possessions de Jouvenel à Paris.

BÉCLARD (Léon). **L'auteur du « Tableau de Paris » : Sébastien Mercier,** sa vie, son œuvre, son temps, d'après des documents inédits. *Avant la Révolution.* Fort vol. in-8, portrait. (Couronné par l'Académie française.) **10 fr.**

Sébastien Mercier nous a laissé deux livres inestimables. Il a composé à la veille de la Révolution un tableau très vaste. très précis et très fidèle de Paris, ville et habitants, âme et matière, esprit et mœurs. Avec plus d'audace, de pénétration et de suite qu'aucun autre, il a prédit et proclamé les idées, les exigences qui devaient. au xıxᵉ siècle, renouveler, agrandir, étendre en tout sens la fonction, le pouvoir et les ambitions de l'art dramatique. Il n'avait été jusqu'ici l'objet d'aucune étude étendue. M. Béclard a eu en mains beaucoup de documents inédits qui nous font connaître sous son vrai jour l'ami de Res if de la Bretonne et intéressent vivement tout son temps.

Curiosités Parisiennes

HECTOR-HOGIER

PARIS A LA FOURCHETTE

TROISIÈME SÉRIE

Curiosités Parisiennes

PARIS

HONORÉ CHAMPION

Libraire de la Ville de Paris et de la Société
de l'Histoire de Paris

5, Quai Malaquais, 5

AVANT-PROPOS

Les deux premières séries d' « Esquisses Parisiennes » parues sous le titre de *Paris à la Fourchette* ont été présentées à la « Commission du Vieux Paris » — cette Académie de la Rive-Droite — et l'accueil qu'elles ont eu la bonne fortune d'y trouver fut si aimable et si bienveillant que l'auteur n'hésite pas à leur donner une suite.

Nous ne reproduirons pas ici, dans leur ensemble, les termes du rapport présenté, le 10 novembre 1904, à la Commission et dû à la plume experte autant qu'élégante, du distingué et savant M. Félix Herbet qui avait bien voulu accepter de faire le compte rendu de ces ouvrages. Mais on nous permettra d'en détacher les quelques lignes suivantes :

« La Commission du Vieux Paris s'ap-
« plaudit d'avoir rendu compte de la pre-
« mière série de cet ouvrage, puisque son
« appréciation favorable a été pour quelque
« chose dans la publication de la deuxième.
« Du moins, l'auteur l'affirme, et nous
« sommes trop intéressés à le croire pour
« ne voir là qu'une formule de politesse. Il
« importe, en effet, que l'amour et le respect
« des vestiges du passé se propagent dans
« le public, et rien ne peut mieux y aider
« que les livres de M. Hector-Hogier. »

Propager l'amour et le respect des vestiges du passé... tel est bien le but que nous poursuivions en écrivant, en quelque sorte au jour le jour, à propos de tout et de rien — une pierre qui tombe, des pierres qui s'élèvent — ces menus feuillets sans prétention, presque sans style...

C'est dans le même but que nous réunissons une troisième fois en volume de nouveaux feuillets en réclamant pour eux l'indulgence de ceux qui voudront bien les parcourir.

Plus encore qu'en aucune autre occurrence, le mot célèbre et quelque peu présomptueux du poète : *Exegi monumentum...* serait, ici, tout à fait hors de propos.

Pour élever un monument il faut des moellons, il faut de gros matériaux et nous n'apportons ici que de simples petits cailloux, ramassés un peu au hasard, aux quatre coins de Paris.

Puisse l'auteur, en publiant ce troisième volume de *Paris à la Fourchette* et cette nouvelle série d' « Esquisses Parisiennes », n'avoir pas fait, en glissant sur l'un de ces cailloux... un faux pas !

H. H.

Décembre 1906.

Paris à la Fourchette

TROISIÈME SÉRIE

LEURS DEMEURES...

Les lys de Manon Roland. — L'officine de la Brin-villiers. — Olympe Aubry. — Sophie Arnould. — Notre-Dame de Thermidor. — Mimi Dancourt. — Le berceau et le tombeau d'Adrienne Lecouvreur.

MANON ROLAND. — ... Il y avait des fleurs, l'autre jour, sur le rebord d'une étroite lucarne s'ouvrant sous les combles de cette jolie demeure *Louis-Treizième* qui fait l'angle du quai de l'Horloge et du Pont-Neuf. Il y en avait déjà, naguères — et beaucoup plus — alors que la chambrette qu'éclaire cette lucarne était occupée par la fillette de l'humble graveur Phlipon, fillette qui, devenue femme, devait à jamais illustrer le nom de son mari, M. Roland de la Platrière. — « Manon », enfant, avait deux passions au cœur : celle des livres et celle des fleurs. Elle lisait Plutarque et cultivait des lys... elle l'a dit elle-même dans les pages inoubliables qu'elle écrivit, en attendant courageusement la mort, dans sa cellule de Sainte-Pélagie.

Aux jours heureux de la paisible enfance de « Manon » — c'était vers 1770 — le quai de l'Horloge ou des *Lunettes* — les opticiens y sont toujours très nombreux — s'appelait quai des *Morfondus,* dénomination plaisante qu'il devait à ce fait que c'était là, qu'exposés à l'âpre brise du Nord, les plaideurs avaient parfois à passer de longues heures et se *morfondaient* en attendant que justice leur soit rendue au Palais, tout voisin, de Thémis. C'est en contemplant l'incomparable panorama qui se développait sous ses yeux, en regardant les nuages se refléter dans les eaux de la Seine, au pied des berges du quai des *Morfondus* que « Manon » échangeait avec les demoiselles Cannet, ses amies d'enfance, cette étonnante correspondance dans laquelle il n'est question que de Descartes, d'Helvétius, de Diderot et de *Métaphysique...*

Madame Roland qui a écrit elle-même sa vie; Madame Roland qui termina son existence singulièrement agitée par ce mot vraiment « grand » — adressé à l'exécuteur refusant de laisser passer avant elle sous le couperet l'un de ses infortunés compagnons de charrette — « Vous ne pourriez, j'en suis

sûre, rejeter la dernière demande d'une femme » ;
Madame Roland n'oublia jamais les livres et les fleurs
de sa jeunesse. Que ce fût dans le petit domaine
lyonnais de la Platrière, ou dans le salon que fréquentèrent les Brissot, les Condorcet, les Buzot et
d'où sortit l'acte d'accusation contre Robespierre ; sous
les lambris du Ministère de l'Intérieur ou dans le
cachot de Sainte-Pélagie... elle y revenait toujours.

Elle y pensait encore — et elle revit une dernière
fois la petite lucarne du Pont-Neuf — lorsque, le
8 novembre 1793, elle s'acheminait vers la place de
la Révolution...

... Il y avait des fleurs, l'autre jour, sur le rebord
de la petite lucarne !

*
* *

MARIE-MARGUERITE DE BRINVILLIERS. — A l'angle
des rues Saint-Paul et des Lions, au Marais, une élégante tourelle s'accroche au flanc d'une vielle demeure
aux allures correctes et froides, dont le rez-de-chaussée
abrite un pacifique marchand de vins, un rafraîchis-
sant coiffeur et une inoffensive crémière.

Moins paisibles furent jadis les destinées de cet immeuble car c'est dans la jolie tourelle en question que
Madame de Brinvilliers installa les fourneaux de sa

criminelle officine. Fille d'un lieutenant au Parlement de Paris, unie à Antoine Gobelin — de la famille célèbre des Gobelins à qui on doit le secret de la teinture des laines — marquis de Brinvilliers, Marie-Marguerite d'Aubray, mignonne et gracieuse dans sa fort petite taille et « toute menue », semblait destinée à couler des jours tranquilles... La soif de l'argent vint changer tout cela. Chargée de famille, abandonnée des siens et de ses amis, la marquise de Brinvilliers rencontra sur son chemin, pour son malheur, un officier de fortune, échappé de la Bastille où une lettre de cachet l'avait mis en contact avec un certain Egidio, Italien de naissance, empoisonneur de profession.

Les deux épaves s'associèrent et l'on vit dès lors la mort mystérieuse faire des ravages dans la famille de la marquise de Brinvilliers dont le père, les deux frères et la sœur furent emportés à quelques mois de distance d'une façon anormale... Le complice de la Brinvilliers mourut sur les entrefaites et M. de la Reynie, lieutenant de police — le M. Lépine de l'époque — trouva chez lui une énigmatique cassette ; elle était remplie de fioles et de sachets de poudres que l'analyse révéla comme étant d'affreux poisons ; on y trouva aussi des lettres révélatrices et un projet de « Confession générale » qui achevèrent de perdre

Madame de Brinvilliers. Elle avait trop écrit...

L'empoisonneuse prit la fuite, à Londres d'abord, dans les Pays-Bas ensuite; on l'arrêta dans une « guinguette » des environs de Liège... Ramenée à Paris, elle fut exécutée le 17 juillet 1676 en place de Grève après avoir fait « amende honorable » devant Notre-Dame, les pieds nus, la corde au cou et la main tenant une torche ardente.

Madame de Sévigné assista, paraît-il, à cette exécution.

Fait curieux. En 1836, Scribe et Castil-Blaze mirent *La marquise de Brinvilliers* au théâtre. C'était un drame lyrique — pastiche gai d'un sujet triste — dont la musique fut écrite à la fois par Carafa, Cherubini, Boïeldieu, Hérold et Auber.

*
* *

Olympe Aubry. — Comme la précédente, Olympe de Gouges aimait trop à écrire... C'est ce qui l'a perdue. On va le voir. D'une naissance obscure, elle eut la chance de rencontrer à Montauban un brave bourgeois, le sieur Aubry, qui lui offrit sa main. La main était sèche et ridée... mais elle tenait un gros sac. Olympe accepta les deux.

Mariée à quinze ans, veuve à seize, riche de six

cent mille livres, elle vint s'installer à Paris. Elle troqua son nom d'Olympe Aubry contre celui, sonnant mieux, d'Olympe de Gouges, apprit l'orthographe et se mit à écrire. Le théâtre la tenta d'abord et successivement on eut d'elle le *Mariage généreux*, le *Couvent*, *Molière chez Ninon*, toutes pièces injouables et injouées... Elle réussit, cependant, à faire passer « aux Français » son *Zamor et Myrza* et ceci moyennant un petit stratagème amusant qu'elle a spirituellement conté. L'acteur Molé était tout-puissant à la Comédie. Elle réussit à le mettre dans son jeu en lui donnant, nous dit-elle, « deux orangers, une dinde truffée, et un *Parnasse* en porcelaine de Sèvres qui avait coûté six cents livres... »

Puis, elle versa, — hélas ! — dans la politique. Olympe commença de pérorer aux « Jacobins » et favorisa les *Tricoteuses*; créa le journal l'*Impatient* qu'elle rédigea sous les lambris d'un bel hôtel dont on voit encore les restes, déparés par de fâcheuses « modernisations » dans le fond d'une cour de la rue du Mail. Elle écrivit à tout le monde : à Mirabeau, à La Fayette, à Louis XVI. Lorsque le Roi fut décrété d'accusation, elle protesta ; se mit à injurier Robespierre, son ancienne idole, et s'avoua, dans une lettre qu'elle lui adressa, être l'auteur d'un libelle audacieux intitulé : *le Pronostic de M. de Robespierre par un ani-*

mal amphibie, qui avait fait grand bruit et dans lequel l' « Incorruptible » n'était pas ménagé. Finalement, elle proposa à Robespierre d'imiter l'exemple de l'héroïque Curtius en se jetant à la Seine, pour sauver la patrie... L' « Incorruptible » répondit à ce conseil en faisant emprisonner l'imprudente qui finit sur l'échafaud le 31 décembre 1793. Elle y monta avec courage et ses derniers mots furent ceux-ci : « *Fatal désir de la Renommée ! J'ai voulu quelque chose !* »

... Pourquoi n'était-elle pas restée, tout simplement, à Montauban ?

** * **

SOPHIE ARNOULD. — Poulet-Malassis, l'éditeur célèbre des Gautier, des Banville et des Baudelaire ; — Poulet-Malassis qui attira sur sa tête les foudres de la justice impériale à propos des *Fleurs du Mal ;* — Poulet-Malassis, l'éditeur-mécène qui encouragea les débuts des Alphonse Daudet, des Scholl, de bien d'autres encore ; — Poulet-Malassis, l'éditeur fantaisiste qui, en guise d'armes parlantes et de « fleuron », faisait imprimer un *poulet* juché tout de travers (*mal assis*, si j'ose dire) sur un perchoir ; — Poulet-Malassis nous a donné, des frères Goncourt, en 1859, une bien curieuse « Etude » sur Sophie Arnould, accompagnée d'un « appendice » de deux pages que la police saisit et qui constitue une éminente rareté bibliographique.

Pour bien connaître la piquante cantatrice — dont l'esprit égalait la voix, — il faut lire l' « Etude » des frères Goncourt; il faut parcourir également le recueil qui, sous le titre : *Arnoldiana*, parut en 1813. C'est un feu d'artifice d'anecdotes gaies et de bons mots pétillants dont voici un échantillon.

Une dame, plus belle que spirituelle, se plaignait devant Sophie, d'être obsédée par ses adorateurs.

— Eh ! Madame, répartit-elle. Il vous est facile de les éloigner. Vous n'avez qu'à parler.

La dame se le tint pour dit et n'ouvrit plus la bouche... que pour manger.

Sophie Arnould était née dans une sombre demeure de la rue de Béthizy où son père, gargotier émérite, avait installé une *Auberge de Lisieux*. La maison, précédemment occupée par une manufacture de plomb laminé, avait servi d'atelier au peintre Vanloo. C'était l'ancien hôtel de Rohan-Montbazon et la légende prétend que c'est dans la chambre même où l'amiral de Coligny fut assassiné, lors de la Saint-Barthélemy, que naquit Sophie Arnould, en 1740.

Quoi qu'il en soit de la légende, c'est de cette chambrette qu'elle s'élança un beau jour pour gagner la scène où étincelaient les splendides féeries du chant et de la danse. M. le duc de Lauraguais l'aida complaisamment dans cet élan hardi qui, suivant le mot d'Edouard Fournier, fut « un bond heureux pour sa fortune, mais le premier faux pas de sa vertu. »

La rue de Rivoli a « mangé » le sol de la rue de Béthizy et sur l'emplacement exact du sombre hôtel de Rohan-Montbazon, la *Samaritaine* étale, de nos jours, ses attractions féminines.

Contraste des temps et des choses...

NOTRE-DAME DE THERMIDOR. — Lorsque, vers la fin de 1794, Thérézia de Cabarrus, la fille du négociant de Bayonne devenu ministre en Espagne et ambassadeur, l'ancienne et séduisante marquise de Fontenay, unit officiellement — et pour huit ans — sa destinée à celle de Tallien qui, deux fois, lui avait sauvé la vie, elle fit choix, pour abriter cette union, d'une maison d'aspect rustique, qu'on appelait « La Chaumière » et qui se cachait derrière un orme immense, dans un bouquet de verdure, à l'extrémité de l'*Allée des Veuves* — notre actuelle avenue Montaigne — près de la Seine.

Madame Tallien était, à cette date, l'idole des Parisiens. Les Bordelais reconnaissants de ce qu'elle avait calmé, à Bordeaux, les ardeurs révolutionnaires du proconsul Tallien, lui avaient décerné le surnom de *Notre-Dame de Bon-Secours...*; pour les Parisiens, elle devint *Notre-Dame de Thermidor*. N'était-ce pas elle en effet qui, après avoir adressé à la Convention, une remarquable pétition sur le *Droit politique des Femmes*, était devenue l'âme de la réaction thermi-dorienne? Paris raffolait d'elle, l'admirant, l'approu-vant, l'imitant dans tout ce qu'elle disait, dant tout ce qu'elle faisait... même dans le port des « fourreaux » de gaze légère qu'elle inaugura au Palais-Royal.

Madame Tallien mit l'*Allée des Veuves* à la mode et du coup, cet ancien « coupe-gorges » où se perpé-trèrent tant de crimes... parfois imaginaires, devint une promenade fréquentée et de bon ton.

Lorsque Tallien se fit envoyer en mission en Egypte, vers 1803, *Notre-Dame de Thermidor* quitta l'Allée des Veuves pour la rue Cerutti — aujourd'hui rue Laffitte — et bientôt après pour le quai Mala-quais où, devenue princesse de Chimay, elle occupait le superbe hôtel que s'est annexé, il n'y a pas bien longtemps, l'école des Beaux-Arts. C'est là que fré-quentaient la marquise de Choiseul, la duchesse de Noailles, Madame Récamier, Sophie Gay, Barras, Hoche, Masséna, le chevalier de Boufflers, le comte de Ségur, le peintre Gérard, Chérubini, Boïeldieu, le danseur Trenitz, en ce salon où, suivant le mot d'Auber, « elle faisait, en entrant, la nuit et le jour ; le jour pour elle, la nuit pour les autres... »

La « chaumière » de l'Allée des Veuves n'existe plus. Elle était située à l'angle du passage des *Douze-Maisons* qu'Alphonse Daudet — il nous en a joliment parlé dans : *Contes Choisis* — habita à son arrivée à Paris et qui a disparu lui-même. Mais l'orme, immense qui abritait la « chaumière » existe peut-être encore, et orne-t-il le jardin de certains de ces beaux hôtels aristocratiques qui bordent l'élégante avenue Montaigne et dont l'un, tout proche, fut longtemps habité par l'infortuné roi aveugle, Georges de Hanovre et par sa fille, la touchante Antigone moderne ?...

*
* *

MIMI DANCOURT. — Une rue de Passy — rude et escarpée — allant du pont de Grenelle à la chaussée de la Muette et, tout en haut, une réunion d'élégants *cottages* coupés par d'ombreuses avenues formant le « Hameau Boulainvilliers », voilà tout ce qu'il nous reste, à l'heure présente, de l'ancienne et somptueuse seigneurie de Passy que Bernard de Boulainvilliers, petit-fils du fameux Samuel Bernard, auquel Louis XIV empruntait de l'argent, s'était fait aménager au temps jadis.

Cette résidence ne sut pas lui plaire et Boulain-villiers y mit un écriteau... Il n'attendit pas long-temps ; un excellent locataire, un locataire de tout repos, se présenta ; il fut agréé : c'était un fermier-général, colossalement fortuné : Jean-Joseph de La Pouplinière dont le nom patronymique était — par une sorte de prédestination : *Le Riche.*

M. Le Riche de La Pouplinière aimait les Arts et les Lettres ; il les protégea et fit bien. Mais il eut le tort de s'éprendre de la femme de M. Deshayes, *Mimi Dancourt,* qui avait fait tant parler d'elle au théâtre... et ailleurs.

Une fois qu'elle fut devenue Madame de La Pouplinière, Mimi-Dancourt se « rangea » et elle contribua à donner un lustre éclatant à son « salon » que Jean-Jacques fréquenta — avec Rameau et Gossec, La Tour et Carle Vanloo, Pigalle et Vaucauson, David Hume et Gibbon — et dont il nous parle dans ses *Confessions.* A côté des philosophes, des musiciens, des peintres et des sculpteurs que nous venons de citer, l'Armée était représentée dans le « Temple des Muses et du Plaisir », par les maréchaux de Saxe et de Lowendal et surtout, pour le malheur de M. Le Riche de La Pouplinière, par le futur maréchal de

Richelieu, « l'homme le plus aimable, le plus libertin et le plus séduisant de son époque. »

Madame de La Pouplinière frôlait le précipice. Son mari, qui passait son temps à couronner des rosières et à composer des mélodies — la plus connue est celle qui commence ainsi : *O ma tendre musette*, — son mari la fit surveiller.

Il perdit son temps, paraît-il.

L'hôtel du duc de Richelieu était contigu à celui de Madame de La Pouplinière et, s'il faut en croire Marmontel, un des choyés de la maison, une plaque tournante installée dans une cheminée mitoyenne permettait au beau duc de... tourner la difficulté en évitant les grandes entrées...

Cela dura douze ans !

*
* *

Adrienne Lecouvreur. — Une plaque de marbre noir a été apposée récemment sur la maison portant le numéro 19 de la rue Visconti.

Elle rappelle que ses murs ont abrité successivement Racine, Mademoiselle Clairon et Adrienne Lecouvreur.

Figure étrange, complexe et singulièrement attirante que celle de la grande tragédienne que proté-

gèrent Charles de Rohan, Voltaire, Lord Peterbo-
rough et qui... protégea le séduisant maréchal,
Maurice de Saxe, en faveur duquel elle avait vendu
ses bijoux et sa vaisselle lorsqu'il entreprit la témé-
raire aventure d'aller reconquérir son duché de
Courlande.

On sait combien fut étrange et mystérieuse la mort
d'Adrienne; comment la sépulture en terre sainte
lui fut refusée et comment, par une froide nuit de
mars 1730, un des très rares amis qui lui fûssent restés
fidèles, M. de Laubinière, dut cacher son corps dans
un terrain vague de la rue de Grenelle — à l'angle de
la rue de Bourgogne, — où deux portefaix lui creu-
sèrent, à la clarté douteuse d'une fumeuse lanterne,
une tombe clandestine...

On sait moins quel fut exactement le théâtre sur
lequel débuta Adrienne Lecouvreur.

Lors donc que, venant de Saint-Sulpice, vous vous
acheminerez vers notre incomparable musée du
Luxembourg, par la rue Garancière, ne manquez pas
de vous arrêter devant le bel hôtel qui, au numéro 8,
un peu avant la fontaine de la Princesse Palatine,
nous présente sa majestueuse façade ornée de colonnes
et de pilastres curieusement flanqués de têtes de
béliers. C'est l'hôtel de Sourdéac qui fut, pour un
temps, mairie de l'ancien IXe arrondissement et, après

avoir appartenu à la famille de Lubersac, est aujour-
d'hui occupé par une importante librairie.

En l'an 1700, cet hôtel appartenait à la veuve d'un
conseiller au Parlement, Françoise de Pâris qui, ayant
appris que la fille d'une blanchisseuse dont la boutique
s'ouvrait rue Servandoni, derrière les « communs »
de l'hôtel, jouait la comédie à ravir, la fit venir chez
elle et édifia, dans la cour d'honneur de sa demeure,
une scène provisoire où Adrienne Lecouvreur — car
c'était elle — débuta avec le plus éclatant succès.

Elle avait dix ans...

VIADUC ET ROTONDE

Le Conseil municipal vient de renvoyer à l'administration une proposition tendant à désaffecter la « Rotonde » de la Villette et à transférer ailleurs la douane et les Magasins généraux qui y sont aménagés. L'installation en cet endroit du viaduc du Métropolitain y a rendu la circulation absolument impossible et la « Rotonde » est fortement menacée...

Avec ses quatre façades présentant chacune un péristyle de huit pilastres isolés et surmontés d'une galerie circulaire percée de vingt arcades, la « Rotonde » faisait fort bonne figure. C'était l'un des derniers survivants des soixante pavillons d'octroi construits, en 1787, par Le Doux, à la demande des « Fermiers-Généraux » et qui décoraient le fameux mur de M. de Calonne, sur lequel on lit l'épigramme si connue :

> Le mur murant Paris rend Paris murmurant

L'octroi a été transporté plus loin...
Mais les Parisiens murmurent toujours. Ils sont incorrigibles...

SUR LES PRÉS FLEURIS QU'ARROSE LA SEINE...

La commission du Vieux-Paris a bien mérité de Madame Deshoulières... et de tous les Parisiens en général.

Elle vient de décider, sur la demande du conseil municipal, la création de plantations et de jardins fleuris sur la rive droite, entre les ponts Alexandre et de l'Alma. De l'autre côté de la rivière, des plantations recouvrent le talus du chemin de fer et descendent, par des escaliers fleuris, jusqu'aux bords de la Seine :

> Que c'est comme un bouquet de fleurs

comme on chantait dans le *Petit Ebéniste*...

En même temps, un jardin « à la française » sera planté — sans toucher aux arbres ! — sur l'esplanade des Invalides. Cette décision, dictée pour le bon goût, nous fera peut-être perdre la fête foraine, dite des Invalides, mais nous y gagnerons de jolis parterres d' « arabesques » et de « damiers » si chers au cœur de M. Le Nôtre.

Il y aura compensation...

HYGIÈNE, PROPRETÉ, ÉLÉGANCE

... C'est la devise que pourrait arborer le plus nouveau, le plus coquet, le plus joli des bureaux de postes de la périphérie parisienne et, certes, ce n'est pas lui que visait la récente circulaire, sévère mais juste, de M. Bérard.

Il est accroché au flanc des « coteaux de Saint-Cloud », au lieu dit : *le Val-d'Or,* un quartier tout neuf qui domine l'aérodrome où M. Santos-Dumont fit ses premiers essais et aux pieds duquel coule la Seine aux eaux verdoyantes, entre Suresnes et Saint-Cloud.

Imaginez un « manoir » anglo-normand, du style le plus correct et de la bonne époque, avec auvents, encorbellements, pignons dentelés, balcons rustiques et, comme enseigne, une délicieuse plaque en forme d'écu, portant l'inscription classique : *Postes, Télégraphes, Téléphones,* se balançant à la pointe d'une potence de fer forgé... Ce *cottage* postal est entouré d'une pelouse verte comme un tapis de billard avec,

en guise de « mouches », des bouquets épais de géra-
niums et de calcéolaires !

Vous entrez : les parois des murailles sont passées
au ripolin ; pas de grillages, pas de « guichets »...
fermés, mais des consoles et des tablettes d'appui en
verre irisé.

Le soir venu, l'électricité inonde de ses flots de
lumière blanche ce bureau modèle qui, à lui seul,
vaut le pèlerinage de Saint-Cloud.

FAISANDERIE MUNICIPALE

Entre la « Pyramide » de Vincennes et Saint-Maur, tout contre l'ancien « Rond de Beauté », à l'endroit où se découvre, sur la vallée de la Marne, le plus joli panorama qu'on puisse imaginer, la Ville de Paris possède une ferme qu'elle vient de mettre en adjudication.

C'est la ferme de la Faisanderie, ainsi dénommée en souvenir de l'établissement d'élevage installé là sous Louis XV et détruit en 1844, lors de l'agrandissement des terrains de manœuvres. Sous le second Empire, l'impératrice Eugénie y avait une ferme modèle de vingt-deux hectares de superficie, qui fut fortement endommagée par les obus prussiens en 1870-71.

La Faisanderie avait elle-même remplacé la Ménagerie, édifiée sous Philippe-Auguste et connue sous le nom de « Combat », de ce qu'on y faisait battre, en public, des bêtes féroces les unes contre les autres.

Le « Combat d'animaux » fut transporté à Ménil-

montant, à l'emplacement exact — la station du
« Combat » existe toujours — où s'est produite l'affreuse catastrophe du Métropolitain dont Paris n'a
pas perdu le souvenir...

RUE NOUVELLE, VIEUX SOUVENIRS...

Le nom de Michel de Trétaigne va être donné à l'une de nos rues parisiennes, sur le flanc septentrional de la butte Montmartre.

Il rappellera le souvenir d'un homme aimable, grand collectionneur, très versé dans les lettres — son *Histoire de Montmartre* fait autorité — doublé d'un excellent administrateur. M. le baron de Trétaigne, en effet, fut, pendant de longues années, maire de la commune de Montmartre, avant que la Butte sacrée eût été soudée à la capitale par l'annexion de 1860.

M. de Trétaigne occupait là une vieille demeure ancestrale, entourée d'un parc immense, avec eaux vives et cascades, et qui a subsisté jusqu'en ces temps derniers, entre les rues Marcadet, Ordener et Duhesme. Son potager était de toute beauté : petits pois, asperges et fraises y poussaient à l'envi, à l'ombre des immeubles à six étages de notre Montmartre modernisé, et les poules de la ferme du

« Château » vivaient en fort bons termes — il y a deux ans à peine — avec leurs voisines, de la ferme de la « Belle Gabrielle », toujours debout celle-ci.

Un récent morcellement a dissipé tout cela; le « trolley » odieux a remplacé les futaies des temps jadis.

LE CHOIX D'UNE CARRIÈRE

... Il s'agissait de décider où la Ville s'approvisionnerait à l'avenir des blocs de grès nécessaires à la réfection de ses chaussées là où le pavé de bois ne les a pas encore envahies.

Un débat homérique s'est engagé dernièrement à ce sujet, à l'Hôtel de Ville et, une heure durant, on s'est jeté — c'est le cas de le dire — des pavés à la tête. Les uns tenaient pour la « carrière des Maréchaux », — M. le Ministre de la guerre n'a rien à y voir — située en Seine-et-Oise ; les autres défendaient la riche et abondante « carrière d'Yvette » — il y a Yvette et Yvette —; celle-ci relevant du département de l'Aisne.

Finalement un édile avisé — parent peut-être de Perrin-Dandin — a mis tout le mon de d'accord en préconisant la fermeture des deux carrières ennemies ; à l'avenir et sauf nécessité absolue, on n'emploiera plus que le pavé de bois.

... Pour les pavés de pierre, c'est un coup. Le pavé de l'ours, quoi !

MUSÉE D'HYGIÈNE

A l'instar du « Polytechnicum » de Zurich et du Musée de Vienne, l'administration a décidé de réunir en un local spécial, ouvert au public, ses collections relatives à l'assainissement et à l'hygiène du travail, présentement exilées au Dépotoir municipal.

L'endroit choisi est le terrain rendu libre par la disparition du marché de l'*Ave Maria*, aménagé naguère sur l'ancien Jeu de Paume du Marais où eurent lieu les débuts de l'*Illustre Théâtre* et où J.-B. Poquelin, dit Molière, se montra pour la première fois en public.

On y exposera à l'avenir toute une collection d'appareils destinés à vulgariser les mesures d'hygiène industrielle avec, à l'appui, une série de moulages des diverses « maladies industrielles » : nécroses produites par le phosphore, maladies de la peau, etc., etc.

Cela sera très utile et pas cher : il n'en coûtera pas plus de dix mille francs à la Ville, paraît-il.

Seulement, cela ne sera peut-être pas bien gai, bien gai...

1, RUE DE BEAUNE

Quelques souvenirs sur l'appartement où, le 30 mai 1778, mourut le « seigneur de Ferney », et dont un grand écriteau sur toile annonce qu'il est à louer.

Voltaire était là l'hôte du marquis de Villette qu'il traitait un peu comme un père, et qui, lui-même, fit baptiser son fils, né en 1792, sous le nom de Voltaire-Villette.

C'est à ce protecteur de Voltaire, on le sait, que fut décoché le quatrain connu :

> Petit Villette, c'est en vain
> Que vous prétendez à la gloire ;
> Vous ne serez jamais qu'un nain,
> Qui montre un géant à la foire !

Après le marquis de Villette, l'hôtel appartint au baron de Bourgoing ; à Lebrun, sénateur et membre de l'Institut ; à Madame la comtesse de Nettancourt. Il abrita enfin M. Ferdinand Duval, l'ancien et éminent préfet de Paris, devenu conseiller municipal de son quartier où il était adoré, qui y est mort il y a peu d'années.

ÉLARGISSONS !...

Les riverains de la rue Vide-Gousset réclament, par l'organe de leur édile, l'élargissement de cette voie minuscule et la démolition de l'immeuble qui fait l'angle de la rue d'Aboukir.

C'est un vieil et curieux hôtel qui va tomber là. Que de fois l'escalier monumental, que l'on peut encore admirer de nos jours, avec sa belle rampe de fer forgé, vit-il passer Voltaire, lorsqu'il allait y visiter le conseiller d'Etat Pallu, l'un des héros de ses *Epitres !*

Plus tard, le généalogiste Clérambault y rendait ses oracles nobiliaires, tandis que dans la maison d'en face, le manufacturier Ternaux, « retour de l'Inde », déballait les premiers châles de cachemire que l'on vît en France.

Cette caractéristique dénomination de « Vide-Gousset » rappelle qu'au temps où la barrière de Paris s'établissait en face, à la « Croix des Petits-Champs », il ne faisait pas bon s'aventurer en ces parages, quartier général des détrousseurs — des Apaches, si l'on veut — de l'époque.

En 1770, lors du Pacte de Famine, on vit un beau jour — n'était-ce pas une épigramme ? — le nom de Terray substitué à celui de Vide-Gousset...

Elargissons la rue, soit ! Conservons-en au moins les curieux souvenirs.

SUR DEUX BORNES

Là-bas, très loin, sur le trottoir du boulevard Suchet, entre le chemin de fer de Ceinture et le talus des fortifications, deux bornes en fonte assises sur des socles de marbre se morfondaient, depuis tantôt quinze ans, dans l'attente d'imaginaires clients... Elles portent, les deux bornes, sur leurs flancs rebondis cette inscription : « Contrôle des voitures. Visite des compteurs. »

Placées à un kilomètre de distance, elles étaient destinées aux expériences du fameux compteur horo-kilométrique dont le premier essai eut lieu, on le sait, vers 1890.

Depuis cette date, le temps avait fait son œuvre injurieuse : les bornes paraissaient misérables sous une épaisse couche de rouille et de poussière.

Or, voici qu'elles ont connu la joie d'un « tub » bienfaisant, immédiatement suivi d'une énergique friction au gant de crin... Puis le peintre est venu et, sous son pinceau adroit, un élégant vernis de bronze aux reflets d'or a rajeuni les deux bornes.

Cette résurrection est le corollaire de l'information

donnée par la presse sur la réapparition des fiacres à compteur et de la « course au kilomètre ».

Puissent-elles, cette fois-ci enfin, les deux bornes du boulevard Suchet, servir à quelque chose !

TROUÉE ÉVOCATRICE...

On est en train de pratiquer une immense trouée rue de Richelieu, « au droit » de la Bibliothèque nationale, à l'angle de la rue Rameau et du square aménagé sur l'emplacement de l'ancien Opéra. C'est, une fois de plus, une vieille maison historique qui disparaît.

Elle était occupée depuis près d'un siècle par l'hôtel de Valois, qui y avait remplacé la famille de Rochechouart, le cardinal de Coislin, évêque d'Orléans, grand aumônier de France, enfin le marquis de Sénezan, intendant général des biens du clergé.

C'est, on se le rappelle peut-être, sur la porte de l'hôtel de Valois, s'ouvrant rue Rameau, juste en face de l'une des sorties de l'Opéra, que se tenait le brave Paulmier, garçon limonadier au café Hardy du « Boulevart Italien », lorsqu'il vit s'enfuir Louvel, qui venait de poignarder l'infortuné duc de Berry. Courageusement Paulmier se mit à la poursuite de l'assassin et parvint à l'atteindre et à le terrasser sous l'arcade de la rue Colbert.

Le Roi pensionna Paulmier, en faveur duquel la *Quotidienne* ouvrit une souscription publique qui atteignit un chiffre considérable.

DEUX PLAQUES POUR UNE MAISON

A la demande de la commission du Vieux-Paris, une nouvelle plaque de marbre va être apposée sur la maison portant le numéro 56 du Faubourg Poissonnière. Elle sera ainsi libellée :

DANS CETTE MAISON
CH. SAUVAGEOT A FORMÉ LA COLLECTION
QU'IL A LÉGUÉE AU LOUVRE

Cet hommage était certes bien dû à M. Charles Sauvageot, qui fut un modeste doublé d'un fin connaisseur.

Outre qu'il eut le grand mérite de sauver, au moyen des faibles ressources que lui procurait son emploi à l'Academie Impériale de Musique, des objets d'art pour la plupart historiques et d'origine française, tout le monde sait avec quelle générosité il fit profiter, en 1860, le musée du Louvre de la collection qui avait été la préoccupation de toute son existence.

Coïncidence intéressante : la façade de l'immeuble

en question porte déjà une plaque rappelant que le grand peintre Corot y est mort en 1875.

C'est la récidive du marbre.

————————

LA CHAPELLE DES « TROIS CENTS CORPS »

Le Conseil municipal de Paris est en veine de générosité ; et cette fois-ci il a eu la main particulièrement heureuse. Sur la proposition de M. Grébauval — un Parisien de Picardie — il vient de voter une somme fort rondelette ma foi pour l'érection d'un monument, sur le champ de bataille de Crécy, à la mémoire de Jean de Bohême, « l'ami et l'allié » de la France de l'époque. Ce monument remplacera la curieuse Croix de pierre, vieille de plusieurs siècles, qu'on peut voir à l'angle d'une route appelée dans le pays le *chemin de l'armée*, à l'endroit exact où le vieux roi tomba percé de coups.

Tout à côté de la Croix, mais sur le territoire de Noyelles-en-Chaussée s'élève, perdue dans les solitudes rurales, un modeste sanctuaire connu sous le nom de chapelle des *Trois cents Corps*. C'est là que, le soir de la bataille de Crécy, trois cents guerriers français se firent tuer jusqu'au dernier plutôt que de se rendre. Une curieuse légende existe à ce sujet. Jamais la porte de la chapelle n'a pu être fermée.

A grand renfort de serrures et de chaînes on a essayé, à maintes reprises, de la fixer : chaque fois on l'a retrouvée ouverte sans que l'on pût parvenir à éclaircir ce mystère. La tradition populaire veut que les trois cents guerriers, écrasés sous les voûtes basses du petit édifice, viennent eux-mêmes ouvrir la porte pour respirer l'air de France...

La légende est plaisante quoique — ou parce que — bien vieille et la ville de Paris a bien fait d'apporter sa généreuse obole à l'œuvre qui va contribuer à en perpétuer le souvenir. C'est un joli geste.

CONSTANTINE ET AUGUSTINE...

*Deux jumelles. — Les débuts d'une pompe à feu. — Beau-
marchais faiseur de prospectus. — Réclame savante. —
« Made in England ». — Un beau coup de piston. —
Concours de devises. — L'eau, la terre et le feu. —
Pauvres filles !*

Paris va perdre deux de ses plus illustres cente-
naires. Après plus de cent vingt-cinq ans de bons et
loyaux services, *Constantine* et *Augustine,* les deux
vieilles sœurs jumelles — qui depuis 1781 n'ont cessé
de travailler, nuit et jour, au bas de la colline de
Chaillot, tout contre notre actuel pont de l'Alma, —
ont été jugées mûres pour la réforme. L'Administration en a jugé ainsi et, si j'ose dire, on va leur
« fendre l'oreille ».

Mais quelles sont donc ces sœurs jumelles ?

Il s'agit tout simplement, des deux « machines à
feu » de la Pompe de Chaillot qui — le féminisme ne

date pas d'hier — prirent le nom de leurs constructeurs respectifs : *Constantin* et *Augustin* Périer.

*
* *

On connaît l'histoire de cette vieille pompe parisienne qui — soit dit entre parenthèses — fut placée, par une anomalie inexplicable, en aval de Paris.

C'est en 1781 qu'elle fut inaugurée.

La Compagnie concessionnaire répandit, à cette occasion, dans le public, un prospectus mirifique que l'on croit avoir été écrit par Beaumarchais en personne. Il abonde en détails piquants et des plus circonstanciés sur les machines, sur les opérations faites par la Compagnie et sur le bien qui doit en résulter pour le public. Tout au commencement se trouve la remarque suivante :

. . . .

La Compagnie... a osé dépenser près de deux millions à l'acquisition des terrains, des matériaux, des ateliers et instruments nécessaires à la formation des deux machines de son premier établissement; surtout à l'achat et à l'importation de tous les tuyaux et cylindres qu'elle s'est vue forcée de tirer d'Angleterre; et plus douloureusement encore *(sic)*, à traiter avec un Anglais établi à cent vingt milles de Londres et qui venait d'obtenir, au mois d'avril 1778, le privilège exclusif d'établir des machines à feu dans toute la France.

La Compagnie française a donc eu besoin d'aller à Birmingham acheter de cet Anglais le droit de faire à Paris des machines qu'il n'y faisait pas lui-même ; elle a de plus, sciemment consenti d'être plusieurs années sans tirer aucun intérêt de ses grandes avances ; et ce n'est qu'après avoir dévoré tous les dégoûts et bravé des difficultés de tous les genres, après avoir assuré ses succès par une patience à toute épreuve et par les superbes travaux des sieurs Périer frères, qu'elle se flatte aujourd'hui de mériter enfin la bienveillance du gouvernement et la reconnaissance de ses concitoyens, en leur offrant au plus bas prix et sous la forme d'une souscription volontaire autant d'eau pour le service public et dans les maisons particulières que les besoins ou les convenances pourraient exiger.

Cette savante réclame se continuait par une description minutieuse de l'établissement nouveau :

Le premier des établissements que la Compagnie a fait élever est situé à Chaillot, ou faubourg de la Conférence. On a construit en pierres, sous le chemin de Versailles, un canal de sept pieds de large, pour introduire l'eau de Seine dans un bassin aussi bâti en pierres de taille et dans lequel est plongé le tuyau d'aspiration des pompes. La Compagnie prie le public d'observer que la prise d'eau se fait fort au-dessus du grand égoût de Paris.

... La délicate attention qu'elle a eue de placer ses premières machines à plus d'une demi-lieue de la Ville, au seul endroit où l'affluence des eaux est très considérable, et où elle peut élever ses réservoirs assez haut pour dominer la Ville entière, quoiqu'il lui en coûtât la dépense d'une longue suite de tuyaux employés seulement à ramener l'eau dans Paris, montre assez avec quel soin elle a cherché à prévenir toutes les objections raisonnables.

Puis venait l'énumération des avantages multiples qui résulteraient de cette installation :

Les avantages immenses de cette entreprise seront d'avoir à fort bon marché, dans tous les temps de l'année, et sans interruption, de l'eau saine *(sic)* en telle quantité qu'on voudra ; de se procurer des bains chez soi sans frais et sans embarras, surtout d'avoir un secours toujours prêt pour arrêter un incendie naissant, où il suffit souvent d'être, au premier instant du mal, à portée d'une très petite quantité d'eau. Les rues mêmes pourront être abondamment arrosées pendant les sécheresses de l'été, et rien n'empêchera qu'on ne verse au milieu des ruisseaux, l'hiver, une assez grande quantité d'eau pour entraîner dans les égouts les glaces à demi fondues qui séjournent dans les rues, les tiennent impraticables et rendent la ville souvent si malsaine pour le peuple entier qui l'habite...

Ajoutons que les machines de Chaillot représentaient la force la plus considérable que la vapeur ait actionnée en France ; elles produisaient environ 70 chevaux. Elles étaient à simple effet et à mouvement alternatif ; les tiges des pistons et des pompes étaient reliées à un massif balancier en charpente, par des chaînes à maillons plats s'appliquant tangentiellement sur les profils en secteurs des extrémités du balancier. C'est le genre des premières machines de Newcomen inventées pour l'usage des pompes des mines. La vapeur était fournie à basse pression par des chaudières conçues suivant les idées du temps, quelque peu défectueuses, d'ailleurs !

*
* *

Constantine et *Augustine* ont été démontées avec soin et leurs débris pantelants vont aller faire le bonheur des habitués de la rue de Lappe où se tient la « foire » à la vieille ferraille.

Quant au pavillon qui les abritait, il va être jeté bas à son tour. Il était orné d'un double fronton dont l'un portait, entourée d'une couronne de laurier, la date de sa fondation : *1781* et celle de sa restauration : *1867*, et l'autre, une belle horloge, dont les aiguilles se sont arrêtées à 5 h. 20, heure à laquelle la mort est entrée dans l'établissement des frères Périer...

Sur son emplacement, une rue nouvelle sera percée ; nous demandons pour elle le nom des deux illustres ingénieurs...

*
* *

Les vieux Parisiens regretteront la disparition de la Pompe à feu de Chaillot dont la silhouette leur était familière. Mais voilà ! Paris ne cesse de brûler ce qu'il adora jadis et Dieu sait si elles eurent de la vogue, les deux sœurs jumelles qui viennent d'être frappées de mort !

Témoin ce quatrain, composé par un certain abbé de Boscovitz qui courut les *Gazettes* de 1782 :

> Ici, par un accord nouveau,
> Entre l'onde et le feu la paix est rétablie ;
> Du citoyen l'espérance est remplie
> Et c'est le feu qui donne l'eau.

Mais cela ne suffit pas. C'était à qui trouverait, dans le « Tout-Paris » d'alors, son petit distique et un véritable concours de « devises pour pompe à feu » s'établit.

L'érudit et charmant historien de Paris, M. Georges Montorgueil, en a fait le relevé et voici le fruit de ses recherches.

Un M. Trochereau de la Berlière, des académies de Rouen et d'Orléans, après s'être fortement évertué, réduisit en un seul vers le distique de l'abbé Boscovitz :

> *Sequana, vulcanusque novo dant fœdere lymphas.*

Un autre amateur crut lui donner plus de justesse, de précision et de vivacité par ce pentamètre :

> *Fœdere dant lymphas ignis et unda novo.*

Les faiseurs de distiques n'étaient pas satisfaits encore : ils continuaient, avec de petits vers, à exercer leurs petits talents. — Chacun se disputait à qui fournirait la meilleure inscription — mais cette fois en un français traduisant le latin qu'on a lu plus haut.

L'un trouva :

> Le Dieu du feu s'accorde avec le Dieu des eaux
> Et la flamme en ces lieux jette l'onde à grands flots.

Un autre s'exprima avec plus de précision et plus d'harmonie :

> Ici, l'onde et le feu font un accord nouveau,
> C'est le feu qui nous donne l'eau.

Un M. de la Mésenquere revint au latin et fit alors ce distique :

> *Hic pugnæ immemores conspirant ignis et unda*
> *Ipsa urbi attonitæ flamma ministrat aquas.*

Ce distique plut à M. de Sancy qui le traduisit dans ces vers estimés agréables :

> Ici, du feu, de l'eau, la guerre est terminée,
> La flamme donne l'onde à la Ville étonnée...

Un dernier « poète », inconnu celui-ci, résume la formule d'une façon définitive :

> Ici voyez, par un sort tout nouveau
> Le feu devenu porteur d'eau...

.   .   .   .

Et voici qu'aujourd'hui on vous porte en terre, — sans pompe — pauvres vieilles jumelles !

*
* *

Pauvre *Constantine !* Pauvre *Augustine !!*

DON DE M. ROSTAND

Il s'agit, non de l'éminent académicien, mais de l'aimable directeur du Comptoir d'Escompte, qui vient d'offrir à Carnavalet une grande et belle pierre, une pierre qu'il a trouvée dans son jardin, mais que personne ne lui a jetée... vu qu'elle y est depuis près de cent cinquante ans.

Elle porte la curieuse inscription suivante :

Reigne *(sic)* de Louis XV
Cette pierre fut posée le VII novembre MDCCLXVI
Par le sieur Atoine *(sic)* Levêque, garde général
Des Menus-Plaisirs du Roy.

C'est tout une petite page d'histoire parisienne que rappelle la découverte de ce « graffite », car ce fut sous le nom d'Antoine Levêque, régisseur de l'*Hôtel des Menus*, devenu, on le sait, le Conservatoire de musique, que le duc d'Aumont, intendant des Plaisirs du Roi, premier gentilhomme de la Chambre, fit négocier l'acquisition d'un terrain, rue Bergère, pour y bâtir un hôtel affecté à cette administration.

Ce fut donc pour être tout à fait à portée de ses

fonctions qu'Antoine Levêque, dont la veuve devait épouser plus tard Beaumarchais, veuf lui-même, vint habiter là.

L'hôtel fut ensuite occupé par le fermier-général Jean de Sénac, par la banque Abbéma et Cie et par le marquis Law de Lauriston, ministre de la Maison du Roi, lieutenant-général des armées et pair de France. Il appartenait, en dernier lieu, avant d'être cédé au Comptoir d'Escompte, à la Société de Saint-Gobain.

Le musée Carnavalet va veiller désormais sur cette vieille pierre qui, en vertu du proverbe, bien qu'elle ait beaucoup « roulé », est vierge de toute mousse parasite.

LE « COMBAT » ET LA « CROIX-FAUBIN »

Une double restitution historique fort intéressante va s'opérer dans la nomenclature des voies parisiennes. Le nom de « Combat » sera donné à la place formée par la rencontre du boulevard extérieur et de la rue Grange-aux-Belles. Il rappellera le souvenir du « combat d'animaux » — nous en avons déjà parlé — qui se donnait jadis, deux fois par semaine, en cet endroit, et dont les Parisiens, nos pères, raffolaient encore au temps de la Monarchie de Juillet. Jules Janin nous a laissé, de ce spectacle, une description caractéristique.

Quant à la « Croix-Faubin » elle servira de marraine à la rue nouvelle tracée sur l'emplacement de la Grande Roquette. C'était naguère le nom de la barrière qui, en ce lieu, limitait l'enceinte parisienne. Deux archers y veillaient jour et nuit, surveillant en même temps le couvent des « Dames de Sainte-Marthe », fondé par la veuve de Théodon, sculpteur du Roi.

Ce couvent passait pour avoir « la vue la plus riante » sur le « plus joli coteau de Paris ».

Ce coteau, c'est aujourd'hui le Père-Lachaise...

Le « Combat » et la « Croix-Faubin, avec leurs souvenirs évocateurs, vont donc faire leur réapparition sur nos plaques municipales. Cela nous changera des noms obscurs, inconnus — ou hélas ! trop tristement connus — qui y sont parfois inscrits...

LA « BONNE DAME DES BLANCS-MANTEAUX »

...Elle s'appelait Jeanne Lebreton et consacrait ses ressources et ses soins au soulagement des pauvres et des malades de son quartier, celui des « Blancs-Manteaux », d'où l'aimable surnom en question.

Etait-elle — à la nuance près, la similitude est parfaite — l'aïeule de l' « homme au petit manteau bleu », si connu, lui aussi, dans la famille des philanthropes fameux ? Nous ne savons... Toujours est-il qu'un certain jour, à la suite d'une effrayante épidémie de rougeole qui avait désolé le quartier des Blancs-Manteaux et dans laquelle son dévouement s'était surpassé, elle fut mandée à la Cour, et, de son chef, Madame de Pompadour lui octroya, à titre de récompense, sept cents toises de terrains détachés du domaine dit le « Retrait de la marquise », à Ménilmontant...

La maison qu'habita, rue Aubryot, la « Bonne Dame des Blancs-Manteaux » vient d'être frappée par les pioches du démolisseur.

C'est grand dommage...

POUR QUI LES SOCLES ?...

Tout le monde connaît la façade monumentale de la Faculté de médecine, qui étale ses immenses cubes de pierre en bordure du boulevard Saint-Germain.

Avec ses annexes, la Faculté recouvre un terrain de plus de cinq hectares et a remplacé le collège de Bourgogne, créé par Jeanne de Bourgogne, femme de Philippe le Long, en faveur des étudiants pauvres, mais qui ne compta pas que des « boursiers » : témoins, cet aimable abbé de La Rochefoucauld et l'éminent M. de Montrond, qui comptèrent parmi ses plus brillants élèves.

La première pierre des bâtiments nouveaux fut posée en 1878, par M. Béclard et, à l'heure qu'il est — on ne l'a peut-être pas remarqué — ils ne sont pas terminés. Il leur manque leur couronnement, c'est-à-dire les deux statues monumentales qui, sur la façade en question, doivent surmonter les pavillons d'angle. Les socles y sont, informes, noircis par la patine du temps, tels deux énormes champignons... Mais de statues, point.

C'est que, dit-on, on ne peut pas arriver en haut lieu à se mettre d'accord sur l'attribution des statues. On devait les affecter à deux célébrités médicales modernes mais « elles sont trop », paraît-il, et on ne peut s'entendre !

...Si on y mettait tout bonnement Hippocrate et Galien ? Cela mettrait tout le monde d'accord — à commencer par les deux intéressés eux-mêmes qui ne l'avaient jamais été...

« FONTAINE A MAC-MAHON »

Dix heures du soir, place de la Madeleine, près de la galerie vitrée. Il gèle ferme. Autour de la petite fontaine de marbre blanc, aux griffons accroupis, qui semble pleurer toutes les larmes de son maigre corps au souvenir de sa sœur et voisine — celle qu'a remplacée la statue de Jules Simon — deux gavroches devisent, les patins à la main, rêvant peut-être de les mettre à leurs pieds et de s'aventurer sur la surface polie de la vasque, à demi prise par la glace.

— Mince, alors ! s'écrie l'un d'eux ; elle ne veut pas geler, la « fontaine à Mac-Mahon » !...

Et, répondant à l'expression de notre curiosité éveillée par cette apostrophe inattendue, le gamin d'ajouter :

— Dame ! est-ce qu'elle ne fait pas vis-à-vis à Jules Simon ?

Cette petite manifestation de « l'esprit du trottoir » nous a semblé amusante.

Au fait, une statue de Mac-Mahon serait là bien à

sa place, car c'est précisément en cet endroit que, par un bel après-midi d'été de 1859, les Parisiennes se massèrent pour offrir des couronnes au chef de la belle armée d'Italie faisant sa rentrée dans la capitale.

Et puis voyez-vous Mac-Mahon tendant les mains à Jules Simon par-dessus la rue Royale !

Ce serait la revanche du 16 Mai...

AU FAUBOURG SAINT-JACQUES

L'école Lavoisier, l'un des derniers « chefs-d'œuvre »
de l'art architectural moderne, se trouvait bloquée
derrière les hautes murailles de la rue d'Enfer et
manquait de dégagements.

On vient de lui donner une double avenue, et,
pour ce faire, on a démoli d'un coup deux maisons
des plus intéressantes, aux numéros 262 et 264 de la
rue Saint-Jacques.

Un large porche cintré, flanqué de deux vieilles
bornes cavalières, rappelait qu'il servait jadis de
« porte carrossière » aux diligences d'Orléans, lesquelles, deux fois par semaine, quittaient le pavé de
la rue Saint-Jacques pour gagner la ville de Jeanne
d'Arc.

Dans la cour se voyait, tout récemment encore, un
puits à la margelle rustique ; il servait à alimenter
les bestiaux de la « Vacherie Saint-Jacques », dépendant de la commanderie des Frères Hospitaliers de
Saint-Jacques-du-Haut-Pas, ordre militaire et reli-

gieux, dont les bâtiments conventuels étaient tout proches.

En 1830, la mairie du douzième, et alors dernier, arrondissement de Paris s'y trouvait installée ; elle joua, au cours des « Trois-Glorieuses », un rôle important.

Notons vite ces souvenirs avant qu'ils ne disparaissent à jamais sous l'amas des moellons municipaux.

LE PAVILLON DE MADAME DE GENLIS

...Il faisait fort bonne figure, au numéro 13 de la rue Saint-Dominique, et se signalait à l'œil du passant à la fois par les gracieuses statues qui ornaient les niches de sa façade et par l'immense rideau de lierre — un lierre plus que centenaire — qui s'élevait jusqu'à une hauteur de cinq étages sur un mur voisin.

Il devait son nom au séjour qu'y fit, de 1782 à 1791, l'érudite comtesse.

C'est là que le duc d'Orléans vint la chercher pour lui confier l'éducation de ses quatre enfants — le futur roi Louis-Philippe, sa sœur Madame Adélaïde, les ducs de Montpensier et de Beaujolais, qui devaient mourir en exil, — en remplacement de M. de Bonnard, homme instruit et disert, à qui on doit ce quatrain connu :

> Ne parler jamais qu'à propos
> Est un rare et grand avantage.
> Le silence est l'esprit des sots
> Et l'une des vertus du sage...

mais qui brusquait trop ses élèves et risquait de leur donner, suivant l'expression même du Prince, le ton de « garçons de boutique » !

Après avoir appartenu à la duchesse de Blacas, au comte de Damas et au marquis de Cumont, le « Pavillon Genlis » abritait en dernier lieu M. le vicomte de Villebois-Mareuil, ancien député, frère du héros de Boshof, qui y fréquentait souvent...

C'est cette demeure presque historique qu'on est en train de jeter bas avec sa voisine mitoyenne s'ouvrant rue de Las-Cases, dans l'axe même de la rue Solférino, qui ne demanderait qu'à se prolonger désormais sur ces ruines dont la poussière évoque tant de souvenirs...

LE « TRAMWAY DES MALADES »

C'est sous ce sobriquet que les habitants du quartier de Port-Royal désignent le « car » aux panneaux verts que traîne un maigre cheval et qui, une fois par semaine, sort du Val-de-Grâce par une porte dérobée et mystérieuse située au fond des immenses jardins de l'hôpital et va se raccorder, par un aiguillage savant, à la grande ligne électrique « Bastille-Montparnasse-l'Etoile ».

Le « tramway des malades » appartient à l'administration militaire, et chaque samedi il va aux « provisions », c'est-à-dire que, par la ligne précitée, il gagne le Magasin central des hôpitaux de l'armée de la place de l'Alma pour y chercher les remèdes nécessaires à la consommation de notre grand hôpital militaire parisien.

Fait curieux et peu connu : cette ligne de tramways est classée parmi les « voies stratégiques » et, en cas de mobilisation, elle appartiendrait à l'autorité militaire pour le transport des blessés et l'envoi de secours.

En attendant, lorsque les wattmen de Bastille-Montparnasse voient s'ouvrir la porte mystérieuse du boulevard de Port-Royal, ils se hâtent de se mettre en « troisième vitesse », afin de « doubler » le « tramway des malades » et de ne pas être obligés de lui emboiter le pas à une allure un peu trop lente au gré des voyageurs.

LE « THÉATRE DE LA RUE DE LA SANTÉ »

On vient de démolir, dans notre moderne rue de Saussure, jadis de la Santé, tout près de la rue des « Fermiers » — dont le nom indique, que c'était là, au temps passé, un coin rustique de la banlieue parisienne, — un vieux cabaret, portant cette enseigne : *Café du Théâtre.* C'est le cas de rappeler que ce fut en ces lieux, sorte de ville provinciale enclavée, au fond des Batignolles, entre les fortifications et les premières maisons de Clichy-la-Garenne, que fut inauguré, le 27 mai 1862, sous le nom de « Théâtre de la rue de la Santé », une scène *à côté,* où débutèrent les « Marionnettes amoureuses », de M. Lemercier de Neuville.

Albert Glatigny y fréquentait souvent et, avec lui, toute la bohème élégante et poétique chassée, par l'expropriation, de la rue du Doyenné, cénacle inégalé depuis, qui rassemblait, entre autres, Théophile Gautier, Gérard de Nerval, Arsène Houssaye et *tutti quanti.*

A ces noms s'ajoutèrent, le soir de l'inauguration en question, ceux de Champfleury, de Monselet, de

Ch. de La Rounat, d'Alphonse Daudet, de Banville, de Léo Lespès, du célèbre éditeur Poulet-Malassis, enfin de Mesdemoiselles Guimond et Antonia Sari.

Le compte-rendu de cette « première » fut fait par Carjat, dans le *Boulevard* du 1ᵉʳ juin 1862, feuille aussi éphémère que le théâtre auquel elle consacrait ses dithyrambes.

Comme pour *Bobino*, son nom nous avait été conservé par une vieille enseigne... et voilà, à son tour, cet ultime souvenir disparu !

CITÉ D'ENFER ; PARADIS ARTISTIQUE

L'impasse Boissonnade — anciennement Sainte-Elisabeth — perdue dans les solitudes du boulevard Raspail, va se transformer en rue et obtenir, sur le boulevard Montparnasse, le débouché qu'elle attend depuis trente ans et qui la mettra en communication directe avec l'Observatoire, le Luxembourg... et le reste de Paris. Ainsi en a décidé le conseil municipal dans l'une de ses dernières séances.

Bien caractéristique, la physionomie de cette impasse et de sa voisine immédiate, la cité d'Enfer, qui, elle aussi, va être transformée par les travaux de voirie projetés. Sur soixante habitants qu'elles abritent, on ne compte pas moins de cinquante artistes : peintres, dessinateurs, sculpteurs, statuaires, graveurs, enlumineurs et modeleurs...

C'est un véritable « Elysée des Arts » tout fait d'ateliers et de lanterneaux : une ville de verre, pourrait-on dire, et la cité d' « Enfer » devrait plutôt s'appeler — si le nom n'en était pris ailleurs — cité du « Paradis » : le paradis des artistes.

L'HEURE DE LA JUSTICE...

Il y a à Bordeaux — tout comme à Paris — un Palais de Justice monumental qui voisine immédiatement avec l'Hôtel-Dieu.

Le fronton du temple de Thémis y est surmonté d'une horloge magnifique, mais si bizarrement placée qu'il faut, pour arriver à y déchiffrer l'heure, traverser une place et monter sur les marches de l'Hôtel-Dieu.

D'où ce quatrain qui court les rues de la belle cité girondine :

> Pour Thémis contre-temps fatal,
> Et pour les plaideurs quel supplice !
> Il faut aller à l'hôpital
> Pour voir l'heure de la Justice...

Il nous semble que ce qui est vérité sur les rives de la Garonne pourrait bien n'être pas erreur sur les bords de la Seine, notre Palais de Justice parisien n'étant séparé, lui aussi, de l'Hôtel-Dieu que par l'unique statue de Théophraste Renaudot.

Ce n'est pas seulement à Bordeaux — hélas ! — que l'heure de la justice se fait attendre.

MAISONS CONDAMNÉES...

Les moutons que l'on mène à l'abattoir sont marqués d'une croix rouge ; pour les maisons parisiennes qu'on doit abattre, la marque est remplacée par l'apposition d'affiches et de placards bariolés qui viennent zébrer leurs façades, souvent jeunes et belles encore, d'une efflorescence multicolore de mauvais aloi...

C'est le cas présentement de quelques beaux hôtels des rues de Grenelle et de Varenne dont l'un fut occupé par le célèbre ministre Machault, l'ennemi de Madame de Pompadour et le collectionneur le plus avisé de son temps, et un autre par Maret qui, avant d'être duc de Bassano, fut échangé contre la fille de l'infortuné Louis XVI, après avoir été gardé trois ans en otage par les Autrichiens.

Ces aristocratiques demeures vont faire place au nouveau tronçon du boulevard auquel, dans un élan d'amour immodéré pour le camphre, on a donné un nom dont le parfum pharmaceutique est par trop prononcé, celui de Raspail, alors que, destiné à être la plus longue et la plus belle voie de Paris, et ayant son *terminus* au Lion de Belfort, il eût dû, tout naturellement, prendre le nom de l'héroïque cité, de notre sentinelle avancée sur la trouée des Vosges...

PASSAGE PASSÉ...

Le bel hôtel dont la façade en encorbellement étranglait le vieux passage des Petits-Pères, tout près du sanctuaire si cher aux Parisiens, Notre-Dame-des-Victoires, est en train de s'effondrer dans la poussière.

C'était l'ancien hôtel du marquis de La Ferrière, qu'habita Grimod de La Reynière, le gastronome connu, dont les oracles font encore autorité dans le monde de la bonne chère.

Le musicien Mondonville y demeura aussi. Fort bien en cour, Mondonville tenait à Versailles l'emploi de maître de chapelle et y partagea avec Germain, le célèbre orfèvre de la couronne, les faveurs royales.

C'est de Germain que Voltaire a dit, dans l'une de ses *Epitres*, à propos de son opéra le *Carnaval du Parnasse*, dont la musique était déparée par un affreux livret :

> C'est servir des mets à la diable
> Dans la vaisselle de Germain...

Le *Carnaval du Parnasse* ne s'en releva pas...

Presque toutes les œuvres de Germain, notamment celles qui ornaient la chapelle Saint-Louis du Louvre, furent fondues sous la Révolution pour les besoins de l'Etat.

Poussière de souvenirs qui survivra à peine à la poussière des ruines !

MÈTRES ÉTALONS

La ville de Paris et Croissy comptent trois étalons publics du mètre légal. Que vont-ils devenir si l'Académie des sciences se range à l'avis de M. le professeur Gardot et répudie, comme faux, le mètre géodésique pris comme unité physique ?

Tout le monde connaît l'étalon légal de la place Vendôme. Voilà plus d'un siècle qu'il est visible, sur le mur de la chancellerie, à gauche de la porte cochère.

Un autre mètre public se voit à la façade de l'ancien Hôtel des poids et mesures, 36, rue de Vaugirard, et qui appartient aujourd'hui au Sénat.

Enfin, à Croissy, tout près de la villa d'Emile Augier, que les pèlerinages à M. Paul Déroulède rendirent jadis célèbres, se voit un autre étalon du mètre, en beau marbre blanc, contemporain de l'étalon de la place Vendôme. C'est un particulier, propriétaire d'un jardin fort cossu, qui le fit jadis poser là, le long du mur.

Quel était ce Monsieur ? On l'ignore. Un savant ou un marchand de drap, las de compter par aunes ?

VIEUX MARCHÉ, NOUVEAU SQUARE

Le marché de Popincourt a vécu.

Il avait été construit, en 1829, sur les jardins de l'ancien couvent des Dames Annonciades de Pincourt, qui, elles-mêmes, y avaient remplacé un temple calviniste dont la chaire et les bancs furent brûlés, en 1561, par le connétable Anne de Montmorency, ce qui lui valut le surnom de « Capitaine brise-banc »...

Un square sera aménagé sur ces ruines et sur ces souvenirs.

Et les riants ombrages du « verdoyant Pincourt » — c'était jadis le plus joli coin de campagne de la périphérie parisienne — vont, de la sorte, revivre, au moins partiellement, pour le plus grand bonheur des marmots et des mamans de ce très populeux quartier.

AUTOUR DE SAINT-BERNARD

Depuis quelque temps, le clocher de l'église Saint-Bernard, dont la flèche élancée se profile élégamment dans les airs, est caché par une grosse résille d'échafaudages. Les derniers ouragans lui ont fait un dommage qu'il importe de réparer au plus tôt.

L'église Saint-Bernard, que l'on considère, à juste titre, comme l'une des plus jolies qui aient été construites à Paris depuis cinquante ans, fut érigée par l'architecte Magne, consacrée le 29 octobre 1861 par le cardinal Morlot et placée sous le vocable du fondateur de l'abbaye de Cîteaux qui avait passé par La Chapelle avec le pape Eugène III, en allant de Paris à Saint-Denys. On croit même que le célèbre religieux prêcha dans le modeste sanctuaire dont l'église actuelle occupe l'emplacement exact.

Saint-Bernard est l'une des paroisses les plus populeuses de Paris. Il y a un demi-siècle, on ne voyait là que d'immenses cultures dépendant de la plaine Saint-Denis et où l'on chassait la perdrix.

AU QUARTIER DES « OISEAUX DE PASSAGE »

Là-bas, très loin, au flanc méridional de la butte Sainte-Geneviève, une rue nouvelle, froide, sombre, triste, dont presque tous les magasins portent des enseignes russes : *Restauracias* et autres ; c'est la rue Flatters, refuge de la petite colonie studieuse russe ; c'est le quartier général des étudiants et des étudiantes venus des bords de la Néva ; c'est là que demeurait l'infortunée Zélénine tombée sous l'inconscient coup de revolver de Véra Gelo...

Derrière les hautes murailles des immeubles de la rue Flatters qui la surplombe, et comme écrasée sous elles, s'ouvre une ruelle sordide et tortueuse, l'une des plus vétustes du vieux Paris : la rue des Lyonnais, toute faite de masures misérables et malsaines.

Il y a quelques années, une effroyable épidémie de fièvre typhoïde éclatait là et y trouvait un aliment trop facile. On s'est décidé à jeter un peu d'air et de santé dans cette misère, et déjà plusieurs maisons de la rue des Lyonnais ont mordu la poussière.

Désormais on respirera un peu mieux dans le quartier des « Oiseaux de Passage. »

« VÉLOCIFÈRES » ET « AUTOS »...

Il y a cent ans, que fut donnée, au Vaudeville, le 30 floréal an XII, la première représentation d'une bien curieuse comédie de Dupaty, qui fit « courir » le Tout-Paris d'alors : les *Vélocifères*.

Le protagoniste, Arlequin, qui se qualifie de « mécanicien » — déjà — et prétend à la main de Colombine, vient offrir au père de cette dernière, entrepreneur de transports, le bénéfice d'une voiture nouvelle qu'il vient d'inventer et dont il résume ainsi les principaux avantages : « J'écrase tout le monde et personne ne me voit !... »

Le vaudeville se termine par le couplet suivant :

> Voiture
> Commode et sûre,
> Qui ne craint pas
> Les embarras
> Ni les faux pas...
> Bientôt, j'espère,
> Dans la carrière,
> Mon char léger va prendre l'air
> Comme l'éclair...

Cela n'a-t-il pas l'air d'avoir été écrit hier ? Et les
« vélocifères » de 1804 ne contenaient-ils pas le
germe des farouches « autos » de nos jours, qui,
eux aussi, trop souvent, « écrasent du monde sans
qu'on les voie »... et qui secouent la poussière du
meeting d'Arras, pour voler au circuit redoutable du
Taunus ou pour cueillir la coupe Vanderbilt ?...

BILAN D'UNE EXPROPRIATION

La vieille et paisible rue Notre-Dame-des-Champs, qui est, de toutes les voies parisiennes, celle qui renferme le plus de jardins — d'aucuns sont encore plantés des arbres de l'ancien « Enclos des Chartreux, » dont le Luxembourg a mangé la majeure partie — va subir, à son tour, l'outrage du démolisseur. Le tronçon du boulevard Raspail destiné à réunir la rue de Rennes au boulevard Montparnasse va l'éventrer de part en part, et les travaux commenceront incessamment.

Ainsi en a décidé l'arrêté pris récemment par M. de Selves, en conseil de préfecture.

Parmi les immeubles qui vont succomber, signalons l'ancienne raffinerie Santerre — l'une des premières « usines pour la fabrication du sucre », comme on disait alors, installée à Paris — et qui s'ouvrait sur la rue de Fleurus ; le petit séminaire des Champs, jadis hôtel de Montmorency-Laval ; enfin, les dépendances de l'ancien hôtel Terray, qui, c'est un cas assez rare dans les annales parisiennes, sont restées depuis Louis XV dans la même famille. C'est, en effet, à la famille de Sesmaisons, « héritiers Terray » — suivant les termes de l'arrêté préfectoral — que ces terrains ont été enlevés pour cause d'expropriation publique.

Pour un peu — il ne s'en est fallu que de quelques mètres — la riante « maison de campagne » de la rue Notre-Dame-des-Champs, où Victor-Hugo écrivit *Hernani,* eût été mangée, elle aussi, par la voie nouvelle.

Elle sera épargnée, heureusement, et on ne lui enlèvera que quelques arbres de son vaste jardin, où, aux belles heures du romantisme, on admirait un pont suspendu sur lequel le poète venait s'accouder souvent.

« CHATEAU DE NAPOLÉON »

La rue Corvisart va être l'objet d'une réfection presque complète.

Perdue dans les solitudes de « la Glacière », c'était jadis la rue du Champ-de-l'Alouette, un joli nom de rue, qui en disait bien l'origine et qui, hélas! a perdu sa double raison d'être... De vilaines bâtisses cachent aux passants ce qui était le champ, et l'alouette, chassée par les « pierrots » parisiens, est allée porter ailleurs la note gaie de ses vocalises matinales.

A l'angle de la rue qu'on va élargir — à ses dépens, sans doute — un vieil hôtel délabré, qu'entoure une grille rongée de rouille, profile encore sa silhouette au milieu d'un taillis de lilas et de cytises. Sa façade est ornée d'un portique à colonnes et de deux statuettes qui durent représenter jadis Flore et Pomone, mais que l'âge et l'injure des hommes ont décapitées...

C'est le « Château de Napoléon », ainsi qu'on le désigne communément dans le quartier. Il y avait là, naguère, un relai de poste, et peut-être l'Empereur s'y arrêta-t-il. Nous ne savons. Toujours est-il que construit par Peyre, l'aîné, pour M. de Neufbourg, cet hôtel servit, pendant plus d'un demi-siècle, de buanderie aux hospices de Paris.

Il est abandonné depuis longtemps.

Que va devenir maintenant le « Château de Napoléon » ?

« LES RECULETTES »

L'avenue placée sous le vocable de la Sœur Rosalie — la sainte et digne femme dont le nom est demeuré si populaire — n'existait jusqu'à présent qu'à l'état d'amorce sur la place d'Italie. On se décide à la prolonger et, avec ses trente mètres de largeur, elle deviendra l'une des plus belles voies de Paris.

Un projet grandiose consiste à la faire aboutir à l'Observatoire, en lui faisant enjamber par un beau pont suspendu, les deux bras de la Bièvre, qui coule paisiblement ses eaux dans les jardins ombreux des Gobelins.

Pour le moment, elle s'arrêtera à la rue Croulebarbe et se fera jour à travers l'antique ruelle des Reculettes qui, avec ses masures branlantes, ses quinquets fumeux, ses ruisseaux dévalant au milieu de la chaussée et l'inscription typique, en grandes lettres noires, que l'on mit à l'une de ses entrées : « Respect à la loi et à la propriété » *(sic)*, a un cachet rural et archaïque du plus pittoresque effet.

Les Parisiens connaissent peu la ruelle des Reculettes ; qu'ils aillent vite la voir, avant qu'elle disparaisse. Ils ne regretteront pas ce lointain voyage.

L'ARGENTIER DE LA REINE...

Il s'appelait Jehan Le Blanc ; il avait la confiance d'Isabeau de Bavière et demeurait rue Vieille-du-Temple, au coin de la rue « Paradis-au-Marais », aujourd'hui des Francs-Bourgeois.

Sa maison existe encore ; mais elle avance sur la chaussée d'une façon si impertinente — deux mètres au moins — et ce carrefour est sujet à des encombrements tels que l'on va *rescinder* le vieil immeuble.

Un bec de gaz placé sur le trottoir en cet endroit y était journellement bousculé, souvent renversé. Il y a quelques mois, on a supprimé le bec de gaz et on l'a remplacé par un gardien de la paix ! Mais, même pour les agents de M. Lépine, si lestes soient-ils — fussent-ils de la brigade « mobile » — la position était devenue intenable...

Voilà pourquoi on va jeter bas la vieille maison de Jehan Le Blanc. Du haut de sa demeure dernière, l'argentier de la Reine ne s'en consolera pas.

LA QUESTION DES EAUX

« On voit, quai des Célestins, 24, un établissement où l'eau de Paris, souvent bourbeuse, est clarifiée et épurée de tout corps étranger... »

Ceci est extrait du *Guide de Paris*, de Mironval, publié en 1804.

Les procédés de clarification étaient simples. L'eau de Seine était transportée dans des cuves, au moyen d'une pompe mue par des chevaux ; on l'y laissait séjourner afin qu'elle déposât les matières étrangères qu'elle pouvait contenir. Puis, elle passait dans des rigoles percées de trous garnis d'éponges ; ces dernières, changées plusieurs fois par jour, retenaient les impuretés qui ne s'étaient pas précipitées au fond des cuves. De là, l'eau tombait en pluie sur des filtres composés de sable et de charbon de bois, ce qui était un troisième moyen de dépuration.

Une vignette très claire accompagne, dans le guide de Mironval, cette description.

Nous recommandons le tout, texte, croquis et procédé, à ces messieurs du service des eaux, dont les « communiqués » menaçants mettent toujours tant d'angoisse au cœur des Parisiens...

KIOSQUES A MUSIQUE

Aimez-vous les kiosques ? On en mettra partout. Nous en aurons d'abord un derrière le Trocadéro, à la place de la fontaine, qui, durant l'Exposition de 1900, se transforma en « Panorama de Madagascar » et qu'on ne peut songer à rétablir, maintenant que le Métropolitain passe par là, en raison du danger d'infiltrations posssibles.

Place des Vosges, on va démolir le vieux kiosque posé en plein soleil — d'où de trop nombreux cas d'insolation pour nos braves « pioupious » musiciens — et le remplacer par un autre édicule, à l'ombre.

Enfin, on va élever un kiosque derrière Notre-Dame, dans le « square de l'Archevêché », ainsi nommé de ce qu'il occupe l'emplacement du palais archiépiscopal, saccagé et pillé en 1831.

C'est dans une salle de ce palais, on le sait, que le 17 octobre 1789, au retour de Versailles et avant d'aller au « manège », l'Assemblée nationale tint sa première séance.

VIEILLES MACHINES

A propos de l'intempestive locomotive n° 626 qui, récemment, jetait l'épouvante dans tout le quartier de l'Europe et qui, quoique bien jeune — c'était l'une des dernières sorties des ateliers de l'Ouest — a tant fait parler d'elle, deux mots de quelques-unes de ses congénères qui eurent une heureuse histoire.

Sur les quais de la gare Saint-Lazare, on peut voir chaque soir les machines 15 et 16 construites par les frères Vorutz (de Nantes), en 1854, et qui, depuis plus de cinquante ans, remorquent régulièrement les trains à vide aux gares de remise.

Sur l'Orléans, vivent encore quelques locomotives du système Polonceau et datant de 1852. On les emploie au service des trains dits « légers ».

Au Nord, une vieille machine Crampton, qui porte sur un collier de cuivre, à la base de sa cheminée, le nom de *Duguay-Trouin* et le n° 239, sert encore au service intérieur de la gare d'Amiens et a été transformée en « coucou ». Elle compte cinquante-trois ans d'âge.

La doyenne de toutes les locomotives françaises appartient aussi au Nord ; c'est *Le Chat* (n° 956). Elle date de 1848 ; c'est aussi un « coucou ».

Repeint et remis à neuf, *Le Chat* servit, il y a deux ans, à remorquer sur les quais de Boulogne le train de M. Pelletan, venu pour inaugurer le nouveau port.

Peut-être, un jour ou l'autre, verrons-nous *Le Chat* au Musée de la Marine... malgré son horreur bien connue de l'eau.

HOTEL D'HUMIÈRES

Voilà que le faubourg Saint-Germain perd encore l'un de ses joyaux. Les terrains de l'hôtel d'Humières, dont la verdoyante terrasse servait jadis de pendant aux « jardins suspendus » de l'hôtel de Belle-Isle — notre actuelle Caisse des consignations — viennent d'être frappés de cette « maladie de la pierre » qui a déjà causé la mort de tant de nos vieux immeubles parisiens. On va y faire le « lotissement » et de banales maisons de rapport remplaceront, sans doute, sous peu les beaux arbres du quai d'Orsay.

Dessiné par l'architecte Moltet pour le célèbre maréchal d'Humières, l'hôtel menacé de mort fut longtemps occupé par les Montmorency.

Mademoiselle Clairon mourut octogénaire, en 1803, au « petit hôtel d'Humières », construit en regard du grand.

En 1830, il appartenait au duc de Mortemart, pair de France, ancien ambassadeur en Russie, qui fut, on le sait, pendant trois fois vingt-quatre heures, président du conseil des ministres en vertu de la dernière ordonnance signée, le 29 juillet, à Saint-Cloud, par l'infortuné roi Charles X.

Au cours des *Trois Glorieuses*, la terrasse ne manqua pas d'être envahie par les bandes d'émeutiers venant exercer leurs gosiers aux cris de « Vive la République ! »

Mortier, duc de Trévise, mourut, en 1835, des suites de l'odieux attentat de Fieschi, à l'hôtel d'Humières, dont les derniers propriétaires furent les princes de Croix.

LA DOYENNE DE LA RUE NAPOLÉON...

Lorsque, vers le milieu de l'année 1806, à travers les jardins et sur l'emplacement de l'église des Capucines — qui avait reçu les sépultures de Madame de Pompadour, de Louvois et du maréchal de Créquy et qui, pour un temps, se transforma en salle *des spectacles fantasmagoriques du sieur Robertson (sic)* — fut percée la rue Napoléon, aujourd'hui rue de la Paix, un modeste pavillon de deux étages, d'aspect presque campagnard avec son toit garni de tuiles rouges, s'éleva en bordure de la rue nouvelle.

Il existe toujours ; mais, écrasé sous les hautes et blanches maisons qui l'enserrent, il échappe presque complètement à l'attention des passants distraits et sollicités par les alléchantes rutilances des étalages voisins. Bien peu de regards ont le temps — dans la plus élégante de nos rues parisiennes — de remarquer cette vieille maison qui, au numéro 14, semble être un visage ridé au milieu des frais et jolis minois d'alentour derrière lesquels elle s'efface timidement...

C'est le dernier survivant des pavillons de 1806 de la rue Napoléon. Une immense affiche apposée sur ses murs annonce la vente, pour ces jours-ci, de la vieille maison...

Sera-t-elle démolie la « Doyenne » de la rue de la Paix ?...

DERNIER TÉMOIN...

L'élargissement de la rue de l'Ecole-de-Médecine, à son débouché sur le boulevard Saint-Germain, a fait disparaître toutes les vieilles maisons de la célèbre rue des Cordeliers — c'était jadis son nom — à l'exception d'une seule : celle qui fait l'angle de la rue Dupuytrem. Ses pignons bizarres, ses toits pointus, ses lucarnes disparates présentent une bien intéressante note d'archaïsme dans ce coin, trop modernisé, de notre vieux Paris.

Après avoir vu naître Armande Béjard — dont le pauvre grand auteur du *Misanthrope* eut tant à souffrir — ce logis servait d'abri, à la fin du xviiie siècle, à un boucher fameux, devenu agitateur sans vergogne : Legendre, dont l'éloquence sauvage lui valut le surnom de « Paysan du Danube » et qui, avant la Révolution, avait caché, dans sa cave, Marat, son voisin d'en face, traqué par la police.

C'est sous l'auvent de cette maison, à l'angle des deux rues, que se tenait, le jour de la tragédie du 13 juillet 1793, le commissionnaire Laurent Bas qui

— M. G. Lenôtre nous l'a révélé dans ses attachantes chroniques — aidait fréquemment à l'expédition de l'*Ami du Peuple* et qui, aux cris de Marat, accourut à son secours et terrassa Charlotte Corday.

Tout fait présumer que la vieille maison, dernier témoin de ces sombres heures, aura sous peu le sort de ses voisines, transformées aujourd'hui en immeubles à six étages, avec ascenseurs, téléphones et... lumière électrique.

RU DE MARIVEL

Ce « rû » est un affluent presque parisien — et pourtant bien peu connu — de la Seine ; une façon de petite Bièvre.

Il naît à Versailles, dans un site verdoyant, en bordure de l'avenue de Sceaux un peu au-dessous de la pièce d'eau des Suisses ; passe à la Patte-d'Oie, traverse la plaine de Porchefontaine — où se voyait jadis un hippodrome célèbre — « arrose » Sèvres et se jette dans la Seine au pied de la butte de Brimborion.

Or, le rû de Marivel n'est pas la pureté même, il s'en faut ; on le soupçonne d'abord de s'alimenter, par des infiltrations, à la pièce d'eau des Suisses, depuis longtemps contaminée, on le sait ; puis il reçoit, en cours de route, les eaux usées de Versailles et de Sèvres.

De telle sorte qu'en arrivant à la Seine, en amont du barrage de Suresnes, où sont installées les prises d'eau de cette localité, le rû de Marivel a toutes les allures d'un égout.

Les habitants de Suresnes sont fort émus de cet état de choses dont ils ont avisé la préfecture.

... On parle de filtrer le rû !

LA CITÉ DES BLUETS

C'est une manière de « Cour des Miracles », l'un des derniers vestiges les plus curieux de l'ancienne banlieue parisienne, qui se cache derrière les hautes murailles de notre moderne et encombrant lycée Voltaire. La ville de Paris en est propriétaire et elle vient de décider d'arracher cette verrue qui dépare, à son sens, l'avenue de la République.

L'adjudication de la démolition de la pauvre cité aura lieu incessamment.

Les amateurs de pittoresque la regretteront. Cette cité des « Bluets » avait, comme ses voisines les rues des « Amandiers » et du « Chemin-Vert », un petit parfum agreste qui fleurait bon et était comme une évocation, en plein Paris, de la bonne vie des champs.

Et puis Parmentier, « l'inventeur » de la pomme de terre, mourut aux alentours de la cité des Bluets, tout contre la barrière des Amandiers, près de l'impasse des « Primevères ».

Coin rural...

LA DERNIÈRE FORÊT DE PARIS

Avec notre vieille et hideuse manufacture des tabacs qui, on le sait, va être démolie — pour un peu nous dirions passée... à tabac — et transportée à Issy, disparaîtra l'une des dernières forêts vierges de la capitale. Nous voulons parler du coin de verdure qui, du côté du quai d'Orsay, entourait l'ancienne pompe à feu du Gros-Caillou, transformée en magasin de dépôt.

La nature s'était payé là une débauche de verdure à nulle autre pareille : mauves, mûriers, ronces et lianes échevelées, genêts et vignes vierges... c'était un fouillis inextricable qui faisait le bonheur de la gent gazouillante du quartier.

A certaines heures du jour — au moment du « gagnage » principalement — on pouvait y voir des lapins, de vrais lapins, se livrant aux plus folles gambades...

Pauvres lapins ! Vont-ils aller, eux aussi, jusqu'à Issy ? Peut-être s'arrêteront-ils, en passant, au Champ de Mars, dont les steppes giboyeux — n'y chassait-on pas encore l'an dernier ? — paraissent pouvoir constituer pour eux de très confortables garennes.

EMPLETTES PARISIENNES...

La Ville de Paris vient de faire une acquisition peu banale. Elle a acheté, tout récemment, un *sol :* celui de la rue Neuve-Popincourt.

Et ses vendeurs ne sont pas les premiers venus : ce sont, aux termes mêmes du contrat, « les héritiers de M. le duc de Choiseul ».

Les Parisiens qui foulaient le sol de cette voie, ouverte à la circulation en 1826, étaient, jusqu'à ces tout derniers jours, en pleine propriété privée. C'était un dernier vestige d'une maison de campagne — on l'appelait « la Folie » — à laquelle une belle avenue servait d'introduction à travers de vastes et riants jardins... Aujourd'hui, c'est le boulevard Voltaire qui passe par là, avec, au bout, la statue du patriarche de Ferney...

Comme don de joyeux avènement et pour marquer sa prise de possession, la Ville va remplacer par des pavés de bois les dalles sur lesquelles roulèrent les carrosses de M. le duc de Choiseul.

A LA RECHERCHE DE LA MÉRIDIENNE

On sait que le méridien de Paris pénètre dans la capitale par la « Mire » de Montsouris pour en sortir, au nord, par la « Mire » de Montmartre, perdue dans un coin reculé des jardins du Moulin de la Galette.

Dans sa course parisienne, le méridien — fait assez inattendu — traverse de part en part l'une de nos églises les plus belles et les plus intéressantes : Saint-Sulpice.

Dans le transept du chef-d'œuvre de Servandoni on peut voir, tracée sur les dalles par une longue baguette de cuivre, une méridienne qui se prolonge du bas en haut d'un obélisque en marbre blanc, le long du portail de l'ancienne rue des « Aveugles », et sur lequel sont figurés en creux les signes du Zodiaque.

Cette méridienne fut exécutée de 1723 à 1748 par H. Sully et Lemonnier pour indiquer l'équinoxe du printemps et le jour de Pâques.

Au moment du midi vrai, un rayon de soleil pénétrant par une petite ouverture circulaire ménagée dans le vitrail du transept méridional, à une hauteur de vingt-cinq mètres, suit la ligne de cuivre et monte le long de l'obélisque qui a dix-huit mètres de hauteur.

Et cela a un peu l'apparence d'un monument funéraire...

A LA VILLETTE

A propos du récent incendie de la rue de Flandre, qui aurait pu prendre des proportions terribles si le voisinage du bassin de l'Ourcq n'avait permis de noyer le brasier sous des flots d'eau, rappelons un dicton, peu connu, de la vieille chronique parisienne :

« A la Villette, l'eau est si rare qu'on la met sous clef !... »

Sauval nous en donne l'origine.

Pierre de Martigny, évêque de Castres, fort bien-venu auprès de François Ier, avait une « maison de plaisance » à la Villette ; il voulut amener dans son jardin l'eau d'un petit ruisseau voisin — peut-être celui de Ménilmontant ; mais prévôts et échevins s'y opposèrent, et le roi dut intervenir en personne.

Ils cédèrent, mais sous la condition que leur « maître des œuvres » — c'était l'Alphand de l'époque — « en ferait le regard, et qu'eux-mêmes en conser-veraient la clef ». D'où le proverbe en question.

Coïncidence curieuse : la « maison de plaisance » de Pierre de Martigny occupait l'emplacement, à l'angle de la « route des Flandres » et du « chemin d'Aubervilliers », de l'immeuble incendié dernièrement.

Ce n'est plus l'eau qui manque aujourd'hui à la Villette, ce sont plutôt les « maisons de plaisance ».

« MOUFFETTES » ET « BOUCHONS »

> ... Icy l'on trouve toutes choses
> Et tout y flaire comme roses :
> Les andouillettes, les cervelas,
> Les poulets et les chapons gras,
> Les grillardes et les saucisses.

C'est en ces termes que Colletet — le collaborateur poétique du cardinal de Richelieu — célébrait la gloire de la Pomme-de-Pin, des Trois-Saulciers, du Renard-Bardé et autres « bouchons » fameux qui, à l'extrémité de la rue « Mouffetard », étaient le rendez-vous de la belle jeunesse de l'époque, en dépit des « mouffettes » — l'étymologie n'est pas douteuse — qu'exhala de tout temps, en sa traversée de Paris, la Bièvre toute voisine.

A lire Colletet, l'eau vient presque à la bouche. Mais, hélas ! les temps ont changé, et ne vous hasardez pas en ces parages avec le fallacieux espoir d'y retrouver les attractions que vantait le « poète » gastronome. Seules, les « mouffettes » subsistent. Mais adieu le Pont-aux-Tripes de jadis ; adieu les « bou-chons » de nos pères !

Un seul était encore debout, au 115 de la rue Mouffetard, et voilà que la Ville de Paris va l'abattre et le sacrifier aux nécessités de l'alignement moderne.

UNE RUE QUI PASSE L'EAU...

C'est de la rue Gutenberg qu'il s'agit.

Ouverte, il y a une vingtaine d'années, lors de la construction de l'hôtel des Postes, entre les rues du Louvre et Jean-Jacques-Rousseau, la rue Gutenberg a été « mangée » en son entier par les accroissements successifs des bâtiments affectés aux « demoiselles du téléphone ». Deux grilles solides placées à chacune de ses extrémités l'ont transformée en une cour de service.

Toutefois, Gutenberg valait bien un souvenir et sa rue, condamnée à mort, a vu sa peine commuée en celle de l'exil... On a décidé de donner le nom de Gutenberg à une rue nouvellement ouverte dans les âpres solitudes de Grenelle, tout près du futur hôtel de l'Imprimerie Nationale.

Avouez que c'est vraiment la place de l'inventeur de l'imprimerie...

———

« CHATEAU DES RENTIERS »

C'est une ferme, une vraie ferme qui, l'autre jour, brûlait en plein Paris, dans la rue du Château-des-Rentiers.

Etait-elle contemporaine du château qui donna son nom à une voie parisienne, et qui a disparu depuis longtemps ? Peut-être.

Ce château avait été construit, à l'avant-dernier siècle, par un riche « rentier » d'Ivry, le sieur Vieillard. La chronique du temps vantait fort la beauté du site dominant la Seine, par delà la rustique barrière des « Deux-Moulins », et s'extasiait sur ses jardins « tout remplis de statues, d'obélisques, de rotondes et de pavillons », de tout ce que nos pères qualifiaient, en un mot, de « fabriques ».

Mademoiselle Contat, qui épousa le poète Parny, résida, elle aussi, au « Château des Rentiers ».

Sur ses ruines fut édifié, il y a une soixantaine d'années, un petit théâtre de banlieue qui, empruntant son nom au site environnant, d'où la vue était superbe, s'intitula fièrement « théâtre du Belvédère »,

mais dont les destinées furent éphémères... Une
fabrique de céruse — la première établie à Paris —
le remplaça, et, depuis 1848, elle dresse là ses hautes
cheminées dont les panaches fumeux se mêlent à ceux
des usines des alentours, en ce coin de Paris peuplé
de fabriques — mais non plus de « fabriques »,
selon le mot d'antan...

AVENUE NOUVELLE

Il y a six mois à peine l'immense bloc limité par les rues Duret, Pergolèse et Piccini n'était qu'un vaste chantier de démolitions. La Compagnie des « Petites Voitures » venait d'abandonner là l'un de ses plus anciens dépôts parisiens.

Et aujourd'hui de beaux et blancs immeubles sortis de terre, avec leurs six étages, leurs *bow-windows* et leurs frontons sculptés, comme par enchantement, forment une somptueuse « avenue », à laquelle on a donné le nom d'Alphand.

L'endroit et le nom sont bien choisis. C'est, en effet, autour de l' « Etoile » que le maître-ingénieur inaugura, il y a cinquante ans, la transformation de la voirie parisienne.

Mais, pour que l' « avenue » Alphand soit complète, il lui manque des arbres d'abord ; ensuite un débouché — à travers les vieilles masures de l'ancien quartier des Ternes que masquent, comme d'un écran, les brillantes façades de l'avenue du Bois-de-Boulogne — en face du monument de marbre blanc, élevé à la gloire du plus parisien des architectes.

LA « TOUR DES DAMES »...

... Elle marqua, pendant longtemps, du côté des jardins jadis fameux des *Porcherons,* la limite de la riche abbaye des Dames de Montmartre.

L'abbaye disparut pendant la tourmente révolutionnaire ; la tour eut la vie plus longue, et c'est en 1822 seulement qu'elle fut abattue, laissant son nom à la voie paisible qui sert de trait d'union aux rues Blanche et La Rochefoucauld.

Sous les murailles épaisses de la « Tour des Dames », on trouva une petite provision de vin mis en bouteilles, dit la légende, sous Henri IV... Est-il besoin de dire — c'était du « montmartre » et non du « jurançon » — qu'il avait perdu tout son bouquet ?

C'est sur l'emplacement exact de la « Tour des Dames » que s'édifia l'hôtel, encore existant de nos jours, où s'éteignit, en 1826, Talma dont on inaugurait dernièrement, à Poix-du-Nord, le monument commémoratif.

LA SÉPULTURE DE MIRABEAU

On en parle beaucoup en ce moment et à ce propos, l'un de nos amis, que cette question préoccupe, nous fait une intéressante communication.

Récemment il alla frapper à la porte de l'amphithéâtre de Clamart; il y fut reçu par l'un des prosecteurs attachés au service du professeur Quénu, et lui expliqua le motif de sa visite.

— Quel dommage, lui dit l'homme à la longue blouse blanche, que vous ne soyez pas venu un peu plus tôt ! il y a quelques jours nous avons enterré le vieux concierge de Clamart qui était gardien du cimetière depuis plus de quarante ans. Le bonhomme racontait volontiers cette anecdote : Alexandre Dumas — le père — était venu en 1868 au cimetière de Clamart avec quelques amis. Touchant du pied un monticule gazonné, qui a disparu maintenant sous les nouveaux bâtiments scolaires du boulevard Saint-Marcel, il dit textuellement à ses compagnons :

— « Alors que j'étais un petit enfant, mon père m'amena en cet endroit et, me montrant ce tertre, il m'affirma qu'il avait assisté quelques années plus tôt à l'ensevelissement, à cette même place, des restes de Mirabeau enlevés du Panthéon. »

On sait que d'après les documents qui ont été trouvés par M. Coyecque, il n'est pas possible d'admettre qu'après 1798 les restes de Mirabeau soient demeurés à Clamart, mais il est possible qu'ils y aient été déposés en 1794, et que le souvenir d'Alexandre Dumas père fût exact.

LE « PAVILLON DE BRETEUIL »

Il est question de « réformer » — tout comme un vieux cheval — l'étalon du mètre que M. Poincaré, le père, croit inexact.

Le pavillon de Breteuil reprendrait-il un peu d'animation ?... Mais vous ne connaissez pas sans doute le pavillon de Breteuil.

C'est un coquet bijou d'architecture, du plus pur style Régence, enfoui sous la verdure, au fond d'une belle et silencieuse allée de marronniers, au flanc du coteau escarpé qui sépare la porte de Bellevue de l'ancienne « Lanterne de Diogène ».

Il fut construit par le bailli de Breteuil, chancelier du Régent, et sous Louis-Philippe il servit de résidence au comte de Montalivet, intendant de la liste civile.

Voici tantôt trente ans on y installa le « bureau international des poids et mesures », sorte de vague aréopage qui se réunit à peu près aussi souvent... que la fameuse commission de la Bidassoa.

A des intervalles très espacés, des messieurs très

graves, très calmes, très reposés, — ce sont des personnages « de poids » — franchissent l'huis du pavillon de Breteuil, où dort, dans une paix profonde, l'étalon du mètre en platine.

Vont-ils se réunir pour décider du sort de l'étalon ? Grave problème !

L'HÔTEL DU CHANCELIER

On démolit, rue Notre-Dame-des-Victoires, un vaste immeuble, connu dans le quartier sous le nom d' « hôtel du Chancelier de L'Hopital ».

Ses murs percés à jour laissent voir une vaste cour et, dans le fond, les arbres d'un vieux jardin qui s'étendait jadis jusqu'à la rue du Mail. Il entourait le coquet pavillon où résida la fameuse Olympe de Gouges, dont nous avons déjà parlé.

Son pavillon fut rasé et remplacé par le sanctuaire musical, aujourd'hui centenaire, d'Erard. Quant à l'hôtel de la rue Notre-Dame-des-Victoires, il fut habité, à l'époque où cette voie s'appelait encore le Chemin Herbu — il menait à la barrière des Petits-Champs — par le président d'Hozier, grand généalogiste de la Cour.

Les mascarons, les balustres de chêne, les rampes de fer forgé et les « contre-cœur » de fonte qui l'ornaient et que l'on a démontés avec soin, rappelaient les origines illustres de cet hôtel qui, détail navrant, était occupé en dernier lieu par un établissement de bains...

SOUVENIRS DE LA « BELLE-POULE »

Tristes, désemparés, suivant mélancoliquement le fil de l'eau, les établissements de bains, dès que l'automne paraît, quittent, l'un après l'autre, les berges bruyantes des quais parisiens pour s'amarrer à Billancourt, dans le petit bras de la Seine, et y prendre leurs quartiers d'hiver.

L'un de ces établissements — il est des plus connus, des plus en vue avec ses charpentes multicolores et ses kiosques bariolés qui lui donnent un vague cachet oriental — possède des « dessous » — c'est le cas de le dire — fort curieux.

Le ponton sur lequel il a aménagé ses cabines n'est autre que l'ancien *bateau-catafalque* qui, dans une froide mais glorieuse journée de décembre 1841, alla recevoir, à Courbevoie, les cendres de Napoléon Ier, que la *Dorade*, succédant à la *Normandie* — qui avait elle-même reçu de la *Belle-Poule* le précieux dépôt — avait convoyées depuis Rouen.

Ce bateau avait été, pour la circonstance, décoré d'une proue monumentale et de colonnes que surmontaient des aigles gigantesques, ainsi que le représente une très intéressante lithographie de Victor Adam.

Démonté, démoli, dépecé, le bateau-catafalque fut vendu aux enchères.

Que sont devenus les aigles ? On l'ignore. Quant au glorieux ponton, il fait, depuis soixante ans, la navette entre le pont de la Concorde et l'île de Billancourt.

LE PASSÉ D'UNE RUE...

Entre l'avenue Niel et la rue Demours, en plein quartier des Ternes, va s'ouvrir une rue nouvelle placée sous le vocable d'un nom bien connu de notre diplomatie contemporaine : la rue Balny-d'Avricourt.

Il n'y a pas bien longtemps, c'était encore là un riant coin de campagne de la périphérie parisienne. Le vieux château des Ternes y étendait les ombrages de son vaste parc, lequel, morcelé, fut divisé en maints cottages charmants.

L'un d'eux était habité, il y a une quarantaine d'années, par la ravissante Emma Livry, et c'est là que l'infortunée ballerine mourut, brûlée vive, alors que, devant une « psyché » entourée de bougies, elle s'essayait aux pas gracieux du *Papillon,* le célèbre ballet dédié à Madame la duchesse de Morny, qu'avaient réglé le marquis de Saint-Georges et Marie Taglioni sur une délicieuse partition de Jacques Offenbach.

MARCHÉ PERDU...

Connaissez-vous le marché Wagram ? C'est l'un des plus anciens et en même temps l'un des plus ignorés de la capitale. Il remonte à l'époque où, se détachant du village de Clichy-la-Garenne, le bourg de Monceau fut promu à la dignité de quartier parisien.

Une manière de square, fait de quelques pieds d'ocubas et de lauriers-thyms, le dissimule comme derrière un écran de verdure. De deux côtés, le vieux petit marché, construit en bois et en briques, s'appuie sur des maisons particulières. L'une de ses « façades » s'ouvre sur la rue Gustave-Doré, percée sur des terrains achetés jadis à la famille Pereire ; la rue donnant accès à l'autre façade était, jusqu'à ces jours derniers, une rue anonyme et les hauts immeubles qui la bordent d'un côté relevaient du numéro 3 de la rue Gustave-Doré, malgré qu'ils eussent tous leur entrée particulière et distincte.

Cette anomalie vient de disparaître. Et, après une attente de trente ans, la rue anonyme est enfin pourvue d'un état civil : elle s'appellera rue Charles-Gerhardt.

Le vieux petit marché ne s'y reconnaîtra plus — mais les facteurs s'y reconnaîtront mieux.

LES POISSONS ROUGES DE MESDEMOISELLES DOSNE

Le monument de Gavarni, dû à M. Denys Puech, va bientôt être livré aux regards.

Une difficulté s'imposait — que M. Henri Guillaume, l'architecte du monument, a d'ailleurs heureusement vaincue, de concert avec le sculpteur — c'était de conserver comme base la fontaine de la place Saint-Georges, à laquelle tenaient les édiles du quartier.

Cette fontaine a son histoire.

La place Saint-Georges fut ouverte en 1824 sur des terrains appartenant au fameux entrepreneur Dosne, qui avait deux filles, dont l'une devait devenir la femme de M. Thiers. Les fillettes, dont la maison paternelle était toute proche — c'est celle que la Commune a brûlée et qui fut réédifiée depuis — affectionnaient tout particulièrement un petit bassin tout rempli de poissons rouges qui se voyait là, au milieu du jardin, et autour duquel elles s'ébattaient à qui mieux mieux.

Quand M. Dosne vendit ses terrains, il spécifia formellement, pour satisfaire le caprice de ses fillettes, que l'emplacement du petit bassin serait respecté, et il fut convenu que la Ville y ferait édifier une fontaine qui, à l'époque, fut considérée comme « monumentale ».

Cette condition fut acceptée et, pendant longtemps, Madame Thiers put considérer des fenêtres de son hôtel l'ancien bassin aux poissons rouges cher à ses premiers ans.

C'est ce bassin où va s'élever le monument de Gavarni, qui aura pour socle le bloc octogone du centre de la vasque.

AUX BOIS DE VERRIÈRES...

Depuis quelques années, les Parisiens — ceux de la périphérie méridionale principalement — qui ont une prédilection pour les bois de Verrières, étaient fort désappointés en arrivant à la lisière de la jolie forêt, d'y trouver des poteaux rébarbatifs portant cette inscription :

Chasse louée. — Circulation interdite.

Force leur était de faire demi-tour, et c'est le cœur gros qu'ils fredonnaient, en s'en retournant, le refrain connu :

Nous n'irons plus aux bois...

Cette situation va prendre fin, car le conseil municipal et le conseil général viennent de racheter au Trésor, moyennant une redevance de 2,500 francs, le droit de chasse que l'Etat avait affermé dans le bois de Verrières.

Voilà certainement qui fera le bonheur des lapins qui peuplent la forêt et qui pourront à l'avenir croître et se multiplier à l'aise, à l'abri de tout plomb homicide !... Cette décision mettra en même temps la joie au cœur des Parisiens qui auront désormais le loisir de parcourir à nouveau leurs sites préférés : le buisson de Malabry, les ruines de l'Obélisque, la jolie mare aux eaux dormantes de la *Lune Brigitte,* les pittoresques fourrés des « Gâtines », enfin la belle avenue ombragée qui mène au château de Ville-genis, qu'habita longtemps et où mourut, le 24 juin 1860, le roi Jérôme...

IL FAUT QU'UNE RUE SOIT OUVERTE
OU FERMÉE...

Voici un petit fait parisien bien curieux. Après
que la Révolution eût nationalisé le couvent de la
Conception, lequel, nous dit le *Provincial à Paris*,
— une rarissime et instructive plaquette de l'époque,
— « n'avait rien de remarquable que la piété de
celles qui l'habitaient », on décida que sur les ruines
du couvent seraient ouvertes trois rues placées sous
le vocable des trois derniers généraux morts à l'ennemi : Richepanse, Duphot et Championnet. Les
deux premières furent percées ; tout le monde les
connaît bien. Mais la rue Championnet, qui devait
se diriger vers la place Vendôme, à travers le bloc où
s'est construite depuis la cité Vindé, est toujours
restée à l'état de projet, bien que son tracé figure sur
tous les vieux plans de Paris de l'époque.

Il y a plus de cent ans de cela, et c'est seulement
d'hier que le projet a été définitivement et officiellement abandonné. Main-levée administrative vient
d'être, en effet, donnée à l'immeuble portant le

numéro 10 de la rue Richepanse — là où devait s'ouvrir la rue Championnet — d'une « réserve domaniale provisoire » dont il était grevé depuis fructidor an IV.

L'immeuble en question va donc pouvoir, enfin, se réparer à son aise.

LA « MAISON AUX PENDULES »...

...C'était l'une des doyennes — et non des moins intéressantes — de la rue Montmartre où elle occupait, au numéro 118, l'emplacement du bureau de la *Compagnie de la traite des noirs*, qui y fonctionnait encore en 1788.

Trente-deux cadrans en ornaient la devanture, à raison de huit par étages, et, à chaque heure du jour, les trente-deux horloges égrenaient leurs joyeux carillons que répétaient les échos d'alentour...

La « maison aux pendules » avait été fondée, il y a près d'un siècle, par le sieur Wagner, un « Suisse », qu'on avait fait venir pour être horloger, et dont l'enseigne, ainsi qu'il résulte d'une curieuse « réclame » (1829), que nous avons entre les mains, se libellait de la façon suivante :

WAGNER

Mécanicien du Roi, fait les grosses horloges pour palais, clochers, châteaux et manufactures ; méridiens et pendules en musique, engrenages, etc., etc.

Les « musiques » de Wagner furent populaires dans le quartier Montmartre bien avant l'apparition de... *Parsifal* ou de *Lohengrin*.

Aujourd'hui, les clochettes se sont tues ; les vieux murs, dont on a soigneusement décroché les cadrans, ne laissent plus apparaître que trente-deux ouvertures béantes... L'immeuble va être démoli. C'est encore un lambeau du Vieux-Paris qui s'en va.

EN L'HONNEUR DE BEETHOVEN

Paris va donc enfin élever à Beethoven un monument digne de lui, sur la place du Trocadéro.

L'endroit est bien choisi.

Beethoven résida à Passy, qu'il affectionnait tout particulièrement, et, en souvenir du séjour qu'il y fit, on avait déjà donné son nom à une ruelle tortueuse et escarpée — l'ancienne rue de la Montagne — qui grimpe des berges de la Seine au plateau de Chaillot, et qui a échappé, comme par miracle, jusqu'à présent, à la pioche du démolisseur.

N'y voit-on pas encore, au numéro 9, à deux pas de la station de notre ultra-moderne Métropolitain, l'ancienne ferme des Bonshommes, ou Minimes de Chaillot, avec ses escaliers en bois, ses lucarnes à ogives, ses cheminées sculptées et son vieux puits à margelle artistique ?

Beethoven se trouvera donc là, tout près de cette pittoresque ruelle, en plein pays de connaissance.

LE DERNIER PÉAGE

Le savait-on ? Et, lorsqu'on le saura, le croira-t-on ? Il existe à l'heure présente, en plein Paris, une rue — c'est peut-être la plus fréquentée de la capitale car elle sert de trait d'union central à ses deux rives — qu'on ne peut franchir sans... payer un péage !

Ce péage, il est vrai, n'est pas très élevé ; il est de *vingt sous* que les contribuables parisiens — on voit que la quote-part de chacun n'est pas exorbitante — versent tous les ans au Trésor pour avoir le droit de fouler le sol de la rue des Tuileries — car c'est de celle-ci qu'il s'agit.

L'Etat, jadis propriétaire de l'ancien palais de nos Rois, est resté propriétaire du sol de la rue ouverte sur ses ruines, et la Ville est forcée de lui verser tous les ans, en vertu d'un bail en bonne et due forme, la somme d'*un franc*...

Ce bail expirait précisément ces jours-ci ; il vient d'être renouvelé.

L'Etat, grand seigneur, n'a pas augmenté ses prétentions et il se contentera, comme par le passé, de ses annuels vingt sous...

A PROPOS D'UNE BOMBE

L'immeuble qu'a endommagé, avenue de la République, la bombe de l'autre soir, est construit sur les terrains de l'ancienne Compagnie du gaz qui les avait achetés elle-même, vers 1825, du dernier... grand prieur de France !

Ce petit fait historique fort peu connu et que corrobore le voisinage immédiat de l'actuelle rue du Grand-Prieuré, qui s'ouvre dans l'axe même de la maison « bombardée », nous est révélé par une ordonnance royale rendue, en Parlement, le 26 février 1782, et portant ceci :

« Louis, etc., Notre très cher et très aimé neveu le duc d'Angoulême, Grand-Prieur de France, voulant améliorer les revenus des Marais-du-Temple relevant de son prieuré, nous lui accordons d'ouvrir à ses dépens, sur les dits terrains, une voie publique laquelle portera le nom du Grand-Prieuré. Les présentes pour être exécutées en leur forme et teneur.

« *Signe* : Louis. »

La rue d'Angoulême-du-Temple, toute proche, rappelle également l'origine royale de ces terrains jadis affectés à la petite culture maraîchère... et que déshonorent aujourd'hui les plots et les trolleys, sans parler des bombes !

A CROULEBARBE...

Le quartier de Croulebarbe, dans lequel s'est engagée, ces jours-ci, une lutte électorale homérique et qui sert de cadre pittoresque au cours de la Bièvre dans sa traversée de Paris, est l'un des plus pittoresques de la capitale.

On s'est perdu en conjectures sur l'étymologie de ce mot bizarre de « Croulebarbe » ; voici la plus vraisemblable.

Au commencement du XIVe siècle — cela ne date pas d'hier — la Bièvre qui était alors sujette à des crues fréquentes emporta, un beau jour, le moulin qu'un nommé Barbe exploitait sur ses rives. Le moulin de *Barbe croula*... L'émoi en fut tel dans le quartier que ce simple « fait divers » finit par lui servir de nom de baptême.

Réédifié sur place, le moulin de « Croulebarbe » existait encore en 1830, ainsi qu'en témoigne une jolie vignette reproduite dans la délicieuse monographie consacrée par J.-K. Huysmans, en 1890, à ce quartier qui évoque, à son sens : « L'idée d'une Venise septentrionale et fantastique, ou d'une impossible ville de l'Orient, fourrée d'hermine... »

————

SUR LE JARDIN DE MADAME

Une voie nouvelle, baptisée du nom du peintre Blaise Desgoffes, vient de se frayer un passage, entre les rues de Rennes et de Vaugirard, à travers les ruines d'un vieil hôtel — il appartenait naguère à Madame la baronne de Courcel, mère de notre ancien ambassadeur — qu'entourait un jardin splendide, planté en futaies.

Ce bel hôtel mérita de figurer sur le célèbre plan Turgot où il est désigné sous la qualification de : « Maison de Madame pour l'éducation des demoiselles. »

Après la mort de Madame — la comtesse de Provence — la maison passa aux mains des Dames du Carmel dont la supérieure, Madame de Soyecourt, fit édifier une chapelle qui n'a disparu que tout dernièrement.

Le jardin de Madame a été bouleversé de fond en comble par le tracé de la voie nouvelle. Ses parterres dévastés, ses gazons retournés, ses beaux arbres réduits à l'état de squelettes et jonchant le sol —

tout cela semble porter le deuil de la morte nature.

Et c'est pour cela peut-être que la nouvelle rue a reçu le nom de Blaise-Desgoffes — qui, on le sait, excellait à peindre des natures mortes.

———

LE « PAVILLON DE LA REINE »

C'est le nom sous lequel on désigne encore l'hôtel qui fait l'angle de la rue de Béarn et de la place des Vosges — jadis Royale — et où se sont produits des affaissements dont on s'est beaucoup ému, ces jours-ci, dans le quartier.

Ce fut Marie de Médicis qui, le 5 avril 1612, en posa la première pierre : d'où le nom qu'il a toujours porté. Il est donc presque tri-centenaire, le « Pavillon de la Reine », et, en dépit de son âge, il fait encore charmante figure au milieu de cette ligne d'hôtels symétriques constituant l'ensemble incomparable de la place des Vosges.

La chronique donne, comme hôtes principaux de cette historique demeure, les familles de Tresmes et de Gourgues, et le célèbre « traitant » Camuzet, le protégé de la duchesse de Châteauroux.

Aujourd'hui, l'immeuble est occupé par une étude d'avoué et par une fabrique de corsets.

RUE LEGOUVÉ

Depuis plus d'un siècle, l'impasse Lancry attendait, dans le quartier des Marais-du-Temple, son débouché sur la rue Albouy.

On vient de le lui accorder et, du même coup, la vieille impasse promue au grade de rue, rajeunie de toutes pièces, s'est placée sous le vocable du beau vieillard resté toujours jeune, Ernest Legouvé — ce Chevreul des Lettres — qui la veille de sa mort, à quatre-vingt-seize ans, faisait encore des armes, suivant sa quotidienne habitude...

L'immeuble qui obstruait, rue Albouy, la sortie de l'impasse fut occupé, pendant près de cent ans, par le magasin des décors de l'Ambigu. Un formidable incendie, qui faillit anéantir tout le quartier, le détruisit de fond en comble dans la nuit du 4 mars 1896.

Depuis neuf ans, ces ruines s'étaient converties en un cloaque sordide. La pimpante rue Legouvé, dont on a placé, ces jours derniers, les plaques indicatrices, fait oublier tout cela.

M. DE VIGNY TRAVERSE LE BOULEVARD...

Lorsqu'en 1865, le baron Haussmann fit procéder à l'aménagement des voies d'accès au parc Monceau, un comité de poètes — au nombre desquels M. José-Maria de Heredia — demanda que le nom d'Alfred de Vigny, décédé depuis quelque temps, fût donné à l'une des rues nouvelles percées sur les terrains achetés à la famille Pereire.

Satisfaction fut donnée à cette pétition ; mais, depuis trente ans passés, la rue Alfred-de-Vigny s'arrêtait au boulevard de Courcelles. Or, on vient de le lui faire traverser, et, depuis quelques jours, le nom du poète d'*Eloa* peut se lire sur les pierres d'une rue placée naguère sous le vocable moins illustre de Fournial, et qui en est le prolongement direct.

Et c'est ainsi que Vigny, qui avait déjà un pied dans le huitième arrondissement, a, désormais, l'autre dans le dix-septième,

LA VOIE TRIOMPHALE

C'en est fait. Le Conseil général vient de décider la création entre le rond-point de Défense à Courbevoie et Saint-Germain d'un immense boulevard dans le prolongement des Champs-Elysées, des avenues de la Grande-Armée et de Neuilly.

La « Voie triomphale » qui, partie de la place Louis XV, s'engouffre sous l'Arc-de-Triomphe pour parvenir au monument du siège de Paris, va, de la sorte, passer de sept à quinze kilomètres de développement. Ce sera là un « record » et la nouvelle voie « en ligne droite » rappellera par sa longueur et son inflexible rectitude nos anciennes « chaussées Brunehaut » qui, elles aussi, marchaient toujours tout droit, et dont on retrouve encore les traces dans plusieurs coins de nos vieilles provinces.

La « Voie triomphale » va éventrer sur son passage quelques hideuses usines de stéarine et de noir-animal qui déshonorent Nanterre et Montesson, et transformer les steppes désolés des deux boucles de la Seine entre Courbevoie et Sartrouville.

En passant, elle éventrera la hideuse agglomération de Charlebourg ; écornera le bois du Val-Notre-Dame et la ferme du « Réveil-Matin. »

Et désormais, du haut de la terrasse de Saint–Germain mise, électriquement, à vingt minutes de Paris, on pourra entrevoir le Louvre. Cela sera suggestif...

SUR LES RUINES DU COUVENT...

Il y a quelques mois à peine que les Dames Carmélites durent quitter leur cher couvent de l'avenue de Messine, et voici que — déjà ! — sur l'emplacement des bâtiments conventuels, impitoyablement rasés, s'ouvre une rue nouvelle que vont bientôt border d'immenses « boîtes à loyer »...

Les Dames Carmélites s'étaient établies là vers 1855, sur l'emplacement des anciennes écuries du Prince-Président, avant le transfert au quai d'Orsay des « écuries de l'Empereur », qu'occupe aujourd'hui la cavalerie dirigée par M. Troude...

L'ensemble de ce terrain fut détaché en 1776 du parc Monceau et aliéné par le fils du duc d'Orléans, le duc de Valois.

Un souvenir curieux — et très peu connu — de cet état de choses se voit encore à l'angle de la rue de Monceau et de l'avenue de Messine, où l'on peut déchiffrer une vieille inscription à demi rongée par le temps et portant ces mots :

Rue de Valois-du-Roule.

FIN DU « PETIT FACTEUR »

De temps immémorial, il se profilait, le « Petit Facteur », sur une enseigne de marchand de vins, à l'angle des rues de Provence et Taitbout.

Il était peint sur toile ; sa valeur artistique n'était pas grande, sans doute, mais sa qualité documentaire était, au point de vue des menus faits de Paris, incontestable. Il rappelait, en effet, le voisinage immédiat, au 48 de la rue de Provence, de l'un des doyens des bureaux de poste de Paris qui, jadis, avait abrité la « poste aux chevaux » et qui constituait l'un des « points de départ » les plus importants de la capitale.

Il y a vingt-cinq ans, le bureau disparut pour émigrer ailleurs. La curieuse enseigne lui avait survécu... Mais, jugée désuète, sans doute, elle vient de disparaître à son tour.

On ne l'a pas décrochée, toutefois ; on s'est borné à la recouvrir d'un badigeon de couleur sur lequel se détache en lettres d'or la qualité de l'actuel propriétaire de céans. Et le nom du peintre obscur qui, jadis — et pendant plus d'un demi-siècle — exposa là son « Petit Facteur », demeurera, lui, à jamais inconnu !

LE COIN MAUDIT...

D'une simple petite reconstitution topographique il résulte que l'endroit où s'est produit l'odieux attentat contre notre hôte le roi d'Espagne, est exactement celui où éclata la *machine infernale* qui mit en péril, le 24 décembre 1800 (3 nivôse . an IX), les jours du premier consul et qui coûta la vie à huit personnes.

La rue « Saint-Nicaise », de tragique mémoire, aboutissait en effet — avant qu'elle fût emportée par le percement de la rue de Rivoli — au carrefour formé de nos jours par cette dernière rue et la rue de Rohan.

Autre coïncidence. C'est en allant à l'Opéra — alors rue de Louvois — que le premier consul faillit périr. C'est en revenant de l'Opéra que le roi d'Espagne, à son tour, a essuyé le feu d'un attentat resté, heureusement, sans effet...

Les chansonniers de la rue vont probablement rééditer, à propos de cet attentat, la complainte naïve qui, en l'an IX, obtint un succès énorme et dont voici le dernier couplet :

> C'était à lui, chose sûre,
> Qu'on voulait donner la mort,
> Mais ce fut un vain effort.
> De ses chevaux la vitesse
> Avait devancé le coup.
> Sans craindre ce noir dessein
> Il poursuivit son chemin.

Le roi d'Espagne ne fit pas montre, en cette circonstance, de moins d'héroïsme que son illustre prédécesseur...

L'ANCIENNE POLOGNE

*Les « Errancis et les « Grésillons ». — Vieilles guin-
guettes. — « Le Soleil d'Or ». — Cousine Bette.*

La tortueuse et abrupte rue du Rocher, que l'on
élargit en ce moment aux abords de la rue de
Laborde, est l'ancien chemin des *Errancis,* c'est-à-
dire, en vieux français, des *Estropiés,* curieuse dénomination, évocatrice sans doute des dangers que
couraient ceux qui s'aventuraient sur son sol glissant et rocailleux.

Tout en haut de notre rue, à l'endroit où elle
rencontre le boulevard de Courcelles, un vaste terrain
vague, dit : Le *Clos des Errancis,* fut affecté, en juillet
1793, après la fermeture du cimetière de la Madeleine (actuellement square de la Chapelle Expiatoire)
aux victimes du couperet de la place de la Révolution.
C'est Charlotte Corday qui inaugura le cimetière des
« Errancis » dont un pan de mur, branlant et lépreux,

pouvait se voir encore il y a quelques années en bordure du boulevard de Courcelles.

A sa naissance, au bas de la côte, la rue du Rocher se soude à la rue de Laborde qui, jadis, s'appelait rue des « Grésillons », du nom d'une « voierie » voisine.

Il y a soixante ans environ, tout ce quartier à peine pavé, plongé, la nuit, dans les ténèbres, entouré de matières sordides, présentait une très fâcheuse apparence. C'était un véritable repaire de chiffonniers, de mendiants et de vagabonds qu'attiraient en ces parages de fort vilaines guinguettes dont la plus fameuse, placée sous l'invocation de la *Petite Pologne*, — à l'endroit où de nos jours la rue de Vienne coupe la rue du Rocher — servit à baptiser tout le quartier. La création du « chemin de fer de Saint-Germain », — l'embryon de notre actuelle gare Saint-Lazare — commença de bouleverser, de la façon la plus heureuse, la physionomie de ce sordide « coin de Paris ».

Les travaux dûs à l'impulsion du baron Haussmann et l'aménagement du quartier dit « de l'Europe » firent le reste.

Détail curieux : la transformation de l'ancien quartier de la *Petite Pologne* exigea l'enlèvement d'une couche superficielle de terre de cent mille mètres sur dix mètres d'épaisseur...

*
* *

Quelques vestiges de la *Petite Pologne* se retrouvent encore dans plusieurs petites « courettes » ou impasses de la rue du Rocher, à droite en montant. Ce sont ceux-là qui vont disparaître. La pioche du démolisseur a fait déjà son œuvre, en ces parages, sur le côté opposé de la rue, là où aboutit la galerie de Cherbourg, jadis du *Soleil d'Or*, et depuis quelques semaines, un bel immeuble aux six étages blancs comme neige, a remplacé les taudis noirâtres que Balzac a décrits de si prestigieuse façon dans *Cousine Bette*.

Coïncidence intéressante. L'œuvre du démolisseur s'achevait au moment même où, sur l'une de nos scènes boulevardières, s'évoquait, dans une saisissante reconstitution, l'échoppe d'écrivain public où le baron Hulot essaya de cacher ses dernières infamies...

TRAMWAY FANTÔME...

... C'est celui qui devait réunir Romainville au square du Temple. Voilà dix ans qu'il est concédé, cinq ans que les rails sont posés à son intention dans les paisibles rues de Commines et de Bretagne... et depuis cette époque nul ne le vit passer.

Ironie suprême. Devant le numéro 21 de la rue de Commines, sur le coude d'un bec de gaz, se balance, comminatoire autant que mélancolique, une plaque de fonte émaillée portant ces deux mots : « Arrêt obligatoire. » Cette plaque fut posée là en 1900.

Dire qu'il y a peut-être des gens qui, depuis cette date, attendent sur place ce rare tramway : le *tramway fantôme !*

HOTEL HISTORIQUE

*Rue Saint-Florentin. — Un « record » ministériel. —
L'Orangerie des Tuileries. — Un mot de Madame
de Liéven. — Défilé de grands hommes.*

Historique... C'est bien le qualificatif qui convient
à la somptueuse demeure où mourut tout dernièrement M. le baron de Rothschild, à l'angle des rues
de Rivoli et Saint-Florentin. Depuis qu'elle s'est
édifiée, en 1767, sur des terrains appartenant au
célèbre financier Samuel Bernard, les hôtes de marque
s'y sont, en effet, succédé presque sans interruption
et tous ont mérité, à un titre ou à un autre, de figurer dans les célébrités de l'Histoire... ou de la Chronique.

** * **

A tout seigneur, tout honneur.
Le premier maître de céans fut le fameux Phéli-

peaux, comte de Saint-Florentin et duc de La Vrillière, homme d'Etat remarquable autant que prodigue
et qui détient, dans l'histoire publique de notre Pays,
un *record* peu banal : celui de la longévité ministé-
rielle. Il fut, en effet, pendant *cinquante-deux ans*
à la tête des affaires.

Pour construire son hôtel, le comte de Saint-
Florentin fit choix d'un jeune architecte encore à ses
débuts et dont le nom, totalement inconnu à l'époque,
devait s'attacher plus tard à l'arc de triomphe de
l'Etoile : Jean-François Chalgrin. Le ministre laissa
carte blanche à l'architecte qui commença par donner une sortie sur la rue Saint-Honoré à l'impasse en
bordure de laquelle devait s'ériger l'hôtel ; et c'est
ainsi que le *cul-de-sac de l'Orangerie* — ainsi dénommé
de ce qu'il servait de réserve aux orangers des Tuileries — se transforma en *rue de Bourgogne*, nom
auquel le Conseil d'Etat, par arrêt du 11 mars
1768 (1), substitua celui, parvenu jusqu'à nous, du
tout-puissant seigneur de l'endroit.

L'ordonnancement architectural de l'hôtel est resté
de nos jours, ce qu'il était à l'époque, sauf la belle
terrasse, que décorait une fontaine monumentale

(1) Lefeuve, *Histoire des maisons de Paris*, 5e éd. Paris, 1875,
t. III, p. 27.

accotée de pilastres et qui se soudait à l'Orangerie du jardin des Tuileries, disparue lors du percement de la rue de Rivoli. L'ancien *cul-de-sac de l'Orangerie* — sur lequel, derrière l'hôtel de Saint-Florentin, s'ouvrait une porte donnant accès au jardin des Dames de l'Assomption (aujourd'hui Cour des Comptes) — communiquait avec les Tuileries au moyen d'une petite porte ménagée dans le soubassement du mur entourant le jardin royal : c'est celle qui, de nos jours, donne accès à la souterraine entrée de notre ultra-moderne métropolitain.

Au pied de la terrasse de l'hôtel Saint-Florentin, de chaque côté de la fontaine, était aménagée une niche donnant abri à un corps de garde pour les pompiers et pour le guet (1).

Mais trêve de reconstitution topographique... Le comte de Saint-Florentin ne jouit pas très longtemps de son hôtel ; à peine sa construction était-elle achevée qu'il mourait, en 1777, ayant fait beaucoup de jaloux et d'envieux qui se vengèrent par cette épigramme, en guise d'épitaphe :

> *Ci-gist un petit homme à l'air un peu commun,*
> *Ayant porté trois noms (2), il n'en laissa aucun...*

(1) G. Lenôtre, *Les quartiers de Paris pendant la Révolution*, Paris, Bernard, 1896, fascicule 6.

(2) Phélipeaux, Saint-Florentin, La Vrillière.

... Ce qui ne l'empêcha pas, en dépit de l'épigramme, de le laisser, ce nom, à la rue même où il avait habité.

*
* *

Le duc de Fitz-James se rendit acquéreur de l'hôtel de Saint-Florentin qui devait bientôt tronquer son nom contre celui de *l'Infantado*, en souvenir de la duchesse de l'Infantado, la femme du confident et de l'ami de Ferdinand VII, qui en était devenue propriétaire en 1787.

La tourmente révolutionnaire survint; le bel *hôtel de l'Infantado* fut confisqué et transformé en... manufacture de salpêtre pour la section des Tuileries. Carnot y séjourna un instant, puis l'hôtel devint la propriété du marquis d'Hervas qui le vendit au prince des diplomates : Talleyrand.

C'est là que pendant vingt-six ans, de 1812 à 1838, vécut le petit-fils de la spirituelle princesse des Ursins; c'est là qu'il reçut son brevet de grand-chambellan et, après la paix de Presbourg, son titre de prince de Bénévent; c'est là que, remplacé au ministère par M. de Champagny, il obtint, pour fiche de consolation, la dignité de « Vice-Electeur » avec 500,000 fr. de traitement. C'est là, enfin (1), qu'après avoir essayé de rejoindre, sur la route de Blois, la fugitive impératrice Marie-Louise, il offrit l'hospitalité à l'empereur Alexandre. C'est sous les lambris de *l'hôtel de l'Infantado* que fut élaborée la Charte, non pas sans que Madame de Staël eût contribué à sa rédaction (2).

Le prince de Talleyrand mourut, plein de jours, dans l'ancienne résidence du ministre de Louis XV, le 28 mai 1838.

Au chevet du mourant accourut un jeune abbé dont la belle figure devait, par la suite, se détacher en un puissant relief, et honorer à la fois, l'Episcopat français, le Parlement et les Lettres ; nous avons nommé l'abbé Dupanloup, alors simple vicaire de la paroisse Sainte-Madeleine...

A Talleyrand succéda, en l'hôtel de l'Infantado, la princesse de Liéven.

Le comte de Hübner a laissé un bien curieux por-

(1) Girault de Saint-Fargeau, *Les 48 quartiers de Paris*, 1846, p. 127.
(2) Lefeuve, *loc. cit.*

trait de la séduisante et toujours jeune princesse qui s'éteignit entre son fils et son vieil ami Guizot, couronnant sa longue carrière « d'ambassadeur en jupon » en faisant demander à Hübner quelques minutes avant sa mort « où se tiendrait la conférence de Neufchâtel ? »

La mort de la princesse de Liéven fut un évènement. Henri de Pène — qui signait alors ses articles de débuts du pseudonyme de « Nemo » — l'appréciait ainsi dans une substantielle chronique insérée dans son amusant *Paris Intime* : « C'est plus « qu'une vie, c'est une royauté qui s'est éteinte en « la personne de Madame la princesse de Liéven. Elle « régnait, c'est un fait, sur le plus difficile à gouver- « ner de tous les petits peuples, un petit peuple de « grands personnages, et jusqu'au dernier jour elle a « porté, sans faiblir, son rôle de souveraine. « D'autres naissent peintre, poète, musicien ; elle « était née *ambassadeur* de Russie à Paris. Ce poste « éminent fut pour la princesse un emploi inamo- « vible et comme une seconde nature. M. de Kisséleff « la traitait en collègue... La mort pouvait, seule, « déplacer Madame de Liéven... »

Cette mort survint au début de l'année 1857. La princesse avait plus de soixante-quinze ans. Les derniers « mots » qu'on lui prête furent ceux-ci :

« Je me sens maintenant une grande curiosité de la mort... »

C'était encore un « mot ».

La princesse de Liéven fut remplacée, à *l'hôtel de l'Infantado*, par le prince et la princesse de la Cisterne. La duchesse d'Istrie s'y installa en 1859. Un peu plus tard on y trouve Madame Henri Cuvelier, femme de grand esprit et de beauté charmante : héritage précieux qu'elle transmit à ses trois filles, la comtesse de Ségur, Madame Connelly et la comtesse d'Arjuzon.

A la fin du second Empire, M. le baron de Rothschild fit l'acquisition de cette belle demeure. Il y avait comme locataires, en 1870, le comte et la comtesse de Clermont-Tonnerre et Sir Joseph Olliffe, *Baronnet*. Depuis une trentaine d'années il occupait seul — lui et les siens — le somptueux hôtel dont les lambris dorés furent les témoins de plus d'une grande scène historique...

SUR LE TERRE-PLEIN DU PONT-NEUF...

Dans ce site ombragé et charmant qui, à l'instar d'une proue de navire, s'avance au milieu des eaux tranquilles des deux bras de la Seine ; à la pointe aval de l'île de la Cité, derrière la statue du « Bon Roy Henry », un square délicieux a été aménagé qui, l'été venu, est le rendez-vous préféré des bébés du quartier. Mais ces derniers se plaignaient un peu d'y manquer de distractions. Pour leur faire plaisir, on va, à la demande toute-puissante des papas — les Electeurs — y aménager un kiosque affecté à la vente de sirops, de gâteaux et de joujoux.

On parle aussi d'y installer un guignol...

L'endroit serait bien choisi. N'est-ce pas là, en effet, que Mondor et Tabarin établirent, au temps jadis, leur premier théâtre ?

...Cette création aurait la valeur d'une véritable petite reconstitution historique.

LA MAISON DE MOLIÈRE...

La maison de Molière est à vendre... Entendons-nous : non pas celle dont M. Jules Claretie dirige les destinées, mais celle qu'habita réellement Molière à Auteuil, où fréquentèrent Boileau, La Fontaine, Chapelle et qu'Andrieux a mise au théâtre sous ce titre : *le Souper d'Auteuil*.

Convertie en pensionnat de jeunes filles, la maison de Molière se présente sous la forme d'une rotonde en briques, avec un péristyle orné de quatre colonnes. Sur le fronton se voit un bas-relief qui représente Thalie laissant tomber son masque.

De beaux jardins entouraient jadis la maison de Molière; le percement des rues Théophile-Gauthier et de Rémusat les ont fait disparaître.

Aujourd'hui, c'est la maison qui s'en va.

A qui la maison de Molière ?...

RESTITUTION

Au moment où M. le Sous-Secrétaire d'Etat aux Beaux-Arts se dispose à faire du superbe château de Maisons-Laffitte une annexe du Louvre, consacrée spécialement aux meubles anciens, signalons un détail curieux.

La belle porte en fer forgé et ciselé — un chef-d'œuvre du genre — qui sépare le « salon circulaire » de la galerie d'Apollon provient précisément — le savait-on ? — de ce même château de Maisons. Elle fut achetée par le Louvre à M. Thomas, directeur du *Soleil*, à l'époque où ce dernier vendit une partie du mobilier du château que venait de lui céder le banquier Jacques Laffitte.

La belle porte en question fera-t-elle partie des meubles que le Louvre attribuera à son annexe de Maisons-Laffitte ? Cela serait, en vérité, assez piquant. Ce serait une véritable « restitution » historique.

A PROPOS DES ARBRES DU BOIS

Ils sont à l'ordre du jour et il y a parmi les Parisiens une réconfortante unanimité pour protester contre l'odieuse mutilation projetée par l'administration.

La même unanimité — ce souvenir mérite d'être rappelé — se produisit, il y a quelque trois quarts de siècle, lorsque fut décidée la construction du mur d'enceinte. A cette époque, les massifs ombreux du Bois se soudaient, sans aucune solution de continuité, au Ranelagh, à la Muette et à la « plaine de Passy », plantée elle-même en grande partie et s'étendant jusqu'à notre actuel Trocadéro.

Napoléon Ier voulait même, lorsqu'il méditait d'élever sur la hauteur de Chaillot le « palais du roi de Rome », prolonger le Bois jusqu'au pont d'Iéna pour en faire le jardin du palais rêvé. L'Empire tomba sans que le rêve ait été réalisé. Mais lorsque, vingt ans après, on résolut de « murer » la capitale, ce fut un *tolle* général contre cette première mutilation du Bois, que la ligne des fortifications allait séparer de ses prolongements existants ou projetés. Seul, l'intérêt de la défense nationale fut assez fort pour faire taire ces protestations. Les arbres furent abattus, les murailles s'élevèrent.

Il ne faudrait pourtant pas qu'aujourd'hui — alors que les murailles vont tomber à leur tour — les arbres fussent de nouveau sacrifiés pour faire place... à des maisons de rapport.

Il y a peut-être encore une question d'intérêt en jeu, mais il ne s'agit plus un intérêt national.

REFUGES POUR DÉPUTÉS...

En allant reprendre — sous peu — le cours de leurs travaux, MM. les députés trouveront, aux alentours immédiats du Palais-Bourbon, une innovation heureuse, due à l'initiative de M. Lépine qui s'est montré, en cette circonstance, un père pour eux.

La traversée du quai entre le Palais-Bourbon et le pont de la Concorde, à certaines heures du jour — en raison de la largeur de la chaussée et de l'intensité de la circulation en ces parages, — était parfois périlleuse.

Deux « refuges » bienfaisants viennent d'être placés au milieu du quai, et, entre les deux, un agent muni du classique bâton blanc protégera à l'avenir les jours précieux de MM. les députés... et des autres simples mortels qui se plaignaient vivement d'un état de choses dangereux.

Et de la sorte, MM. les députés sortant de leur palais — où ils ont souvent à franchir le cap des Tempêtes — franchiront en toute sécurité le cap de la... Concorde.

AU QUARTIER DES PYRÉNÉES...

Lorsque, il y a une trentaine d'années, la belle rue des Pyrénées, qui réunit la Villette à la place du Trône, fut percée à travers le massif du Mont-Louis — le prolongement des Buttes-Chaumont — elle sépara par son énorme échancrure les rues Ramus et Stendhal qui, auparavant, se soudaient l'une à l'autre. Deux escaliers abrupts, incommodes, presque impraticables, permettaient encore aux riverains de ces deux voies parisiennes d'aller, à pied, de l'une à l'autre ; mais toutes les communications en voiture leur étaient interdites.

Ce fâcheux inconvénient, dont on gémissait dans le quartier, va heureusement prendre fin. Un large et superbe pont carrossable va, par-dessus la rue des Pyrénées, réunir à nouveau les rues Stendhal et Ramus. Les piliers du « pont des Pyrénées » destinés à recevoir le tablier métallique sont déjà en place et, dès aujourd'hui, répétant un mot célèbre — auquel l'actualité donne un regain de justesse — les habitants de Charonne peuvent s'écrier en chœur : « Désormais, pour nous, il n'y aura plus de... Pyrénées. »

A PROPOS DU MONUMENT
DES AÉRONAUTES

C'est prochainement que doit avoir lieu, au rond-point de la porte des Ternes, l'inauguration du monument élevé en l'honneur des aéronautes du siège de Paris.

Un premier hommage a déjà été rendu, il y a quelques années, à la mémoire de ceux de ces braves gens qui ont péri victimes de leur dévouement.

Leurs noms figurent sur un « tableau d'honneur » — une grande plaque de marbre noir entourée de palmes d'or — placé dans le salon d'attente du ministère des postes.

Cette liste rappelle que, sur les soixante-dix ballons qui sortirent de la Capitale, du 21 septembre 1870 au 28 janvier 1871, deux se perdirent en mer : le *Jacquart*, monté par Prince, et le *Richard-Wallace*, monté par Lacaze.

Tous les ballons qui furent retrouvés ont été détruits, sauf un, le *Volta*, conservé comme une précieuse relique à l'Observatoire de Meudon.

La *Ville-d'Orléans*, qui atterrit sur les côtes de Norvège, se voit encore à l'Université de Christiana, qui le garde avec un soin jaloux.

Un aérostat — un seul ! — le *Lavoisier*, tomba aux mains de l'ennemi, à Anspach. Il se trouve actuellement — noble prisonnier de guerre — au musée d'artillerie de Munich.

AUTOUR DU LOUVRE

Le vieux Louvre. — La rue du Coq. — Un hiver rigoureux. — Louis XVI et les forts de la Halle. — La Pyramide de Neige.

A l'emplacement exact de notre rue de Marengo s'ouvrait jadis, avant le percement de la rue de Rivoli, la rue du Coq-Saint-Honoré.

Elle aboutissait juste à l'endroit où, récemment, M. Redon ouvrit sa tranchée et réussit à mettre au jour une partie intacté et singulièrement intéressante des soubassements du Louvre, construits par Lemercier et continués par Perrault au-dessous de sa fameuse colonnade.

La rue du Coq — si nous en croyons le *Provincial à Paris,* « ouvrage indispensable » à ceux qui veulent connaître et parcourir Paris *sans faire aucune question* » (*sic*), paru en 1787 — n'était longue que de cinquante toises et voici ce qu'elle présentait de plus

« remarquable » : le cabinet de minéralogie du sieur Bresson ; le cabinet des plans de M. Ducrès, architecte ; l'atelier de M. Moreau, graveur, et le « Bureau des Voyages pittoresques de la Grèce, de Sicile et de Malthe, par M. Howel, peintre académicien » (*sic*). Enfin, M. de Bésenval, lieutenant général des armées du Roi — qui devait laisser, par la suite, de si piquants *Mémoires* sur la Cour et les ministres de Louis XV et de Louis XVI — avait également sa résidence rue du Coq.

Mais la particularité la plus curieuse de cette rue était — si nous en croyons le petit « Bottin » de l'époque, qui attire sur elle notre attention par un double astérisque — la *Pyramide de Neige*.

L'hiver de 1783-84 fut particulièrement hâtif. La neige tomba en telle abondance dans les premiers jours de décembre et le froid devint si intense que plus d'un malheureux, s'endormant sans feu dans son grenier, ne se réveilla plus le lendemain...

Le roi Louis XVI manda immédiatement son contrôleur général des finances et lui enjoignit de mettre à la disposition du Lieutenant de police l'argent nécessaire pour donner du bois et des vêtements aux indigents. Lui-même s'inscrivit pour cent soixante mille livres.

Quelques jours plus tard, une députation des dames de la Halle s'en vint aux Tuileries pour remercier Sa Majesté. Celle qui devait porter la parole était fort belle et on l'avait surnommée : la *Vénus des Halles* — une aïeule, sans doute, de nos gracieuses « Reines » actuelles — et l'on raconte que le plaisir et l'émotion lui ayant fait oublier son compliment, elle le remplaça par les mots suivants : « Sire, je n'ai pas de mémoire, mais j'ai du cœur ; vous êtes un brave homme et je voudrais bien vous embrasser. »

Ce à quoi le roi se prêta de bonne grâce...

*
* *

Le lendemain, ce fut le tour des hommes.

Les « forts » de la Halle se réunirent à une heure à la Porte du Vieux-Louvre » ; ils avaient, pour les aider dans leur travail, mobilisé tous les gamins de Paris, et, quelques jours plus tard, une colossale pyramide de neige s'éleva, en cet endroit, à la hauteur d'un étage.

Sur l'une des faces de ce singulier « monument », ils placèrent l'inscription suivante :

A LOUIS XVI, Homme !

Ce faible monument aura faible existence ;
Tes bontés, ô mon Roi ! dans ces tems de rigueur,
Bien mieux que sur l'airain, ont mis au fond du cœur
Un monument certain, c'est la reconnaissance !

De l'autre côté, on lisait ceci :

Louis, les indigents que ta bonté protège
Ne peuvent t'élever qu'un monument de neige ;
Mais il plaît davantage à ton cœur généreux
Que le marbre payé du pain des malheureux !...

La « Pyramide de Neige », qui fut le grand succès de curiosité de l'hiver de 1784, fondit peu à peu sous les rayons du soleil. Mais, un particulier qui demeurait en face — c'était peut-être le baron de Bésenval — en fit construire une toute pareille, de forme et de hauteur, en marbre blanc et la plaça dans la cour de sa demeure. C'est cette dernière « Pyramide de Neige » que nous signale, par un double astérisque, le *Provincial à Paris* de 1787.

LA FERME MAGU

Par les soins du Comité des « Inscriptions parisiennes », un immeuble tout flambant neuf, à l'angle du rond-point de Longchamp et de la rue des Belles-Feuilles, entre le Trocadéro et le lycée Janson-de-Sailly, a reçu une belle plaque de marbre blanc portant, en lettres rouges, l'inscription suivante :

CETTE MAISON OCCUPE L'EMPLACEMENT

DE LA FERME MAGU

OU BOILEAU ET LA FONTAINE SE RÉUNISSAIENT

POUR BOIRE DU LAIT PUR

A LA CAMPAGNE

La « ferme Magu » jouait un peu, au début du dix-huitième siècle, le rôle de notre « Pré-Catelan ». La propreté de ses étables, l'élégance de sa laiterie et l'excellence de ses produits avaient un juste renom. Il était du meilleur ton de s'y rendre, le dimanche principalement. Boileau y allait en voisin — il demeurait à Auteuil — après avoir entendu la messe chez les « Bonshommes » de Chaillot, dont le Trocadéro occupe l'emplacement exact.

Le Comité des « Inscriptions parisiennes » a bien fait de rappeler ce souvenir.

PHYLLOXÉRA PARISIEN

Voilà une annonce quelque peu imprévue... Elle est pourtant absolument exacte.

Nous la découpons dans le *Bulletin municipal officiel* de la Ville de Paris où elle figure en ces termes :

« Le président de la république,

Sur le rapport du ministre de l'agriculture,

Décrète :

Article premier. — Sont déclarés phylloxérés les arrondissements dont les noms suivent :

Département de la Seine :

Arrondissement de Paris... »

Voilà un coup — imprévu — dont ne se relèveront pas les vignobles de Montmartre — on récolte une demi-barrique de vin, tous les deux ans, dans le « clos » du Moulin de la Galette — non plus que la vigne célèbre qui surmonte, au Louvre, la colonnade de Perrault.

Paris était déjà sans eau... potable.

Le voici sans vin.

Pauvre Paris !

L'ORME DE SAINT-GERVAIS

« L'échafaudage rapide ». — « Attendez-moi sous l'Orme ». — Les arbres de Paris. — Deux enseignes.

« L'échafaudage rapide » est un appareil familier à l'œil des Parisiens. Son principal objet est d'enserrer comme sous une résille de poutrelles et de voliges les monuments de la Capitale — les édifices religieux principalement, — et d'en masquer la vue pour une période de temps à peu près indéfinie, en dépit de l'épithète dont il se pare et qui n'est mise là, sans doute, que par antiphrase. Témoin le légendaire « échafaudage rapide » de la Trinité... Pour le moment, l'échafaudage « rapide » sévit autour de Saint-Gervais, cette belle église où, — soit dit entre parenthèses — les « Ligueurs » établirent en 1589 leur confrérie ; qui entendit Bossuet prononcer l'oraison funèbre de Michel Le Tellier ; reçut la sépulture de Scarron ; devint, sous la Terreur, le « Temple de

la Jeunesse » et qui, de nos jours, abrite la très artistique école des *Chanteurs de Saint-Gervais,* si justement appréciée par les amateurs de Musique Pales-
trinienne.

*
* *

Pour faire place à « l'échafaudage rapide » on a dû
jeter bas tout un lot d'arbres qui faisaient au porche
de l'église une verdoyante avenue et, de ce chef,
nous aurons peut-être à déplorer la perte définitive
d'un arbre qui, pendant des siècles, fit pas mal de
bruit dans le monde, au point de devenir proverbial :
nous voulons parler du légendaire « orme de Saint-
Gervais » lequel, entre autres, inspira Regnard dont
on connaît le distique :

> Attendez-moi sous l'orme...
> Vous m'attendrez longtemps !

C'est sous l'orme de Saint-Gervais — qui, il
est à peine besoin de le dire, fut renouvelé plusieurs
fois — que se tenait naguère un tribunal de simple
police. Et comme la Justice, en tout pays, se piqua
toujours de lenteur, on comprend facilement le sens
et la portée du dicton populaire.

Cet arbre vénérable a toujours été, de la part des
Parisiens, l'objet d'un culte tout particulier. Il fut

aussi célèbre, aussi aimé, que notre populaire « marronnier du vingt mars ».

Les vues gravées du XVIIIᵉ siècle le représentent encore bordé de sa margelle de pierres et M. Edouard Fournier nous dit qu'Ingres fit don au Musée de la Ville de Paris d'une peinture représentant l'orme de Saint-Gervais, laquelle, échappée par miracle au feu allumé par la Commune en 1871, peut se voir à Carnavalet.

Il paraît que, lorsque la Justice n'y siégeait pas, l'orme de Saint-Gervais servait parfois à abriter des rendez-vous galants et comme sur deux amoureux, il y en a toujours un en retard — au moins au gré de l'autre — on comprend aisément que la locution : *Attendez-moi sous l'orme* soit devenue doublement proverbiale...

*
* *

Pauvre orme de Saint-Gervais ! Il est allé rejoindre dans la nécropole — si j'ose dire — des célèbres arbres parisiens disparus : son collègue, *l'orme de Sully* qui, il y a deux ans encore, abritait de son ombre la statue de l'abbé de l'Epée, aux Sourds-Muets de la rue Saint-Jacques ; le peuplier du square Louvois qui avait été planté là, en 1792, comme *arbre de la Liberté ;* le *cèdre de Gigoux,* dont le peintre fameux

avait orné son jardin des Champs-Elysées... et tant
d'autres.

On ne le retrouvera plus désormais, l'orme de
Saint-Gervais, que sur la façade d'un vieil immeuble
de la rue du Temple où, gravé sur la pierre, il se
détache en enseigne et aussi — fait curieux et qui
démontre bien son caractère traditionnel — sur le
papier à lettres employé par le clergé de Saint-Gervais
qui porte, comme « armes parlantes », l'orme légendaire *issant* d'une margelle de pierres, et entouré
d'une ceinture avec ces mots : *Paroisse Saint-Gervais.
Paris.*

Son souvenir ne disparaîtra donc pas tout à fait.

LES MÉSAVENTURES D'UNE « VICTOIRE »

Pour choisir un Président de la République, MM. les Sénateurs se sont réunis dans l'ancienne chapelle désaffectée du Sénat et voici, au sujet de cet ancien sanctuaire, une anecdote peu connue.

L'Empereur Napoléon III avait commandé, au début de 1870, au sculpteur Crauck — qui est mort tout récemment — une statue de la *Victoire,* destinée à orner le jardin du Luxembourg ; mais ce ne fut que le 1ᵉʳ septembre 1870 que la statue parvint à destination. On ne pouvait hélas ! en ces jours de malheur, songer à ériger la *Victoire.* On se contenta, sans même la déballer, de la loger tout au fond de la chapelle... où elle fut et demeura totalement oubliée.

Il y a quelques années, par le plus grand des hasards, M. Girard, sénateur du Nord et originaire, comme Crauck, de Valenciennes, découvrit l'infortunée *Victoire* enfouie sous son « emmaillotage » primitif. Justement, la ville de Valenciennes songeait à ériger un monument pour perpétuer le souvenir de la croix de la Légion d'honneur qui venait de lui être accordée.

M. Girard et le sculpteur Crauck obtinrent sans peine pour leur ville natale la statue oubliée depuis plus de trente ans...

Et voilà comme, aujourd'hui, la *Victoire*, rendue à l'air et à la lumière, décore la place publique de l'héroïque cité de Valenciennes.

NAPOLÉON MOBILE...

C'est dans la salle Marengo, au Palais de Versailles, qu'a eu lieu, sitôt après l'élection présidentielle, le dépouillement du scrutin.

Dans le fond de cette salle se dresse la réduction en bronze, par Seurre, de la célèbre statue du « Petit Caporal », et ce bronze auguste qui vit déjà passer, tout fraîchement élus, — M. Grévy et M. Carnot, M. Casimir-Périer et M. Félix Faure, M. Loubet, enfin M. Fallières, — présente une particularité singulière.

Elle est mobile ; en appuyant un peu sur les pieds de l'Empereur, on lui fait faire demi-tour...

Lorsque la statue fut apportée à Versailles, on la plaça au bas de l'escalier des Princes, à la demande du roi Louis-Philippe à qui elle plaisait tout particulièrement. Mais l'architecte du palais ne partageait pas, à l'endroit du grand Empereur, les goûts du monarque. N'ayant pu obtenir que la statue fût reléguée dans les greniers, il la fit monter sur un pivot, et par un demi-tour adroitement donné il mit Napoléon en pénitence... Chaque fois que le Roi devait passer par l'escalier des Princes, cet architecte, plus royaliste que le Roi, tournait l'Empereur du bon côté ; puis il le tournait vers le mur dès que le Roi n'était plus là.

Il y a, dans la *Neuvaine de Colette,* l'histoire d'une statue de saint Joseph que l'on mettait, elle aussi, en « pénitence » d'une façon à peu près analogue...

LE GRENIER SUR L'EAU

La rue du « Grenier-sur-l'Eau », qui se cache, là-bas, derrière l'Hôtel de Ville, va disparaître presque complètement pour cause d'élargissement. Les amateurs de pittoresque la regretteront ; c'était l'une des plus vieilles rues de notre vieux Paris et elle figure déjà, avec son archaïque dénomination, dans les nomenclatures officielles de l'an... 1391.

L'étymologie de ce nom est toute simple. Elle le doit à un antique grenier élevé sur pilotis au milieu des marécages qui avoisinaient les berges de la rivière de Seine.

Amusante particularité. Un édit de Henri III permet aux « marchands de vins » de Paris, en mars 1577, d'établir, en cette rue, le siège de leur corporation.

Ces messieurs tenaient, sans doute, à avoir sous la main leur matière première.

LES PIERRES QUI PARLENT...

La commission du Vieux-Paris s'est occupée tout récemment de la question des inscriptions des anciennes rues de Paris qui constituent autant de petits documents précieux pour l'histoire de la Capitale.

N'est-il pas, en effet, infiniment plaisant pour les amoureux du passé de retrouver, par exemple, rue Madame, à l'angle de la rue du Vieux-Colombier, ces trois mots gravés dans la pierre : *Rue du Gindre,* qui nous révèlent qu'il y avait là, au temps jadis, un « four à pain » d'une importance telle que la rue sur laquelle il s'ouvrait en avait tiré son nom ?

De même, n'est-ce pas une agréable surprise que de voir, à l'angle du quai Bourbon, cette antique inscription : *Rue de la Femme sans teste (sic),* qui tirait son nom d'une enseigne voisine représentant une femme décapitée tenant à la main un verre avec cette plaisante légende : *Tout en est bon?...*

*
* *

C'est donc à très juste titre que la commission du Vieux-Paris est intervenue en faveur de ces vieilles et discrètes inscriptions d'une si pittoresque saveur.

Sur les instances de cette commission, il a été décidé que les propriétaires des maisons dont les façades portent encore de vieux noms de rues seraient administrativement tenus de respecter les inscriptions en question et de les faire entourer d'un liseré de couleur, de façon qu'elles se détachent bien clairement.

Cela a déjà été fait tout dernièrement — et nous l'avons constaté avec plaisir — sur le pignon d'un antique immeuble de la rue *Guisarde*, — jadis lieu de réunion des partisans de Guise, — à l'angle de la rue Princesse.

*
* *

Nous sera-t-il permis, toujours sur ce terrain de l'épigraphie parisienne, de signaler à la commission du Vieux-Paris, une inscription curieuse entre toutes et pourtant presque insoupçonnée ?

Sur les immeubles situés aux deux angles de la rue

Saint-Dominique, côté des numéros pairs, et de la rue de Bourgogne et faisant partie de l'ensemble architectural uniforme qui fut imposé, en 1775, à Louis-Joseph de Bourbon, alors propriétaire de ces maisons, en même temps qu'on l'autorisait à créer une place « au droit » .de l'entrée de son Palais — c'est aujourd'hui celui où se disputent MM. les Députés — sur ces immeubles de belle allure, disons-nous, on peut découvrir ces quelques caractères profondément gravés dans la pierre :

RUE ▓▓▓▓▓▓

DOMINIQUE, N° 20.

L'inscription, presque complètement effacée, par suite de ravalements successifs, sur la maison portant le n° 11 de la rue de Bourgogne — celle contiguë au ministère la Guerre — se distingue, au contraire, très nettement sur celle portant le n° 8.

Elle est singulièrement suggestive, cette inscription.

Outre qu'elle nous apprend que cet îlot faisait jadis partie du vingtième quartier de Paris (Saint-Germain-des-Prés), elle nous montre que les Sans-Culottes ont passé par là en 1793 et le « blanc » qui suit le mot : *Rue* prouve, qu'à l'époque, on a laïcisé cette rue, trop sainte et insuffisamment civique, à coups de ciseau…

Et ceci est encore un petit document historique.

LES GAIETÉS DE LA RUE

Les surprises que ménagent aux Parisiens infortunés les travaux du Métropolitain sont de tous genres.

Le long des Buttes-Chaumont, sur la chaussée des rues Priestley et Botzaris, on vient d'établir un chemin de fer à *voie normale*, sur lequel circule, jour et nuit, un *vrai* train, avec une *vraie* locomotive, la locomotive du réseau de l'Orléans, n° 1,021, qui fait ce service ingrat de remorquer des wagons remplis de matériaux, extraits du sous-sol parisien.

Pauvre locomotive! Avoir conduit peut-être le « rapide » de Bordeaux et le dévorant « Sud-Express », et être réduite à jouer le rôle de *coucou* dans les rues de Paris... quelle chute!

Le passage du *P. O. 1,021* amuse énormément les gamins du quartier, mais ennuie fort les chevaux ombrageux.

Si vous avez affaire dans ce quartier, Parisiens, allez-y en auto.

BIJOU CACHÉ...

*Sur les ruines de l'abbaye Saint-Victor. — Le peintre
Le Brun. — Visites royales. — Mademoiselle de La
Vallière. — Un dessin de Lespinasse.*

On a jeté bas récemment, rue de Jussieu, tout
près du Jardin des Plantes, une vieille maison, sans
aucun intérêt d'ailleurs en elle-même ; mais derrière
les murailles démolies est apparu soudain un bijou
d'architecture très peu connu des Parisiens : nous
voulons parler de l'hôtel du peintre Le Brun que
la maison qui vient de tomber dérobait aux regards
et cachait comme derrière un écran.

*
* *

En haut de l'escarpement très raide de la rue du
Cardinal-Lemoine, sur l'emplacement de l'abbaye de
Saint-Victor — laquelle avait pris elle-même la place

d'un ancien fort construit par Philippe-Auguste lors de l'extension de l'enceinte de Paris — l'élève de Vouet que l'amitié de Mazarin avait mis en évidence et que l'exécution des peintures du château de Vaux avait enrichi, avisa un jour un terrain vague d'où l'on jouissait, à travers les arbres, d'une admirable vue sur le « Jardin du Roi » et sur les méandres capricieux de la Seine.

L'endroit le séduisit.

Il y fit plusieurs « études » à l'abri d'un petit hangar de planches qu'il s'était fait construire. Puis il songea à convertir en une demeure définitive et sérieuse l'atelier provisoire qu'il avait envisagé.

Boffrand fut l'architecte de cette somptueuse résidence dont le temps — au moins en ce qui concerne l'ordonnancement extérieur — n'a pu avoir raison et qui est restée ce qu'elle était en 1660 lorsque Le Brun y pendit la crémaillère.

On y retrouve encore, du côté du jardin, le médaillon du Maître et des mascarons de Flaman, sous les consoles d'un grand balcon superbe. Du côté de la cour, dans le tympan d'un fronton merveilleusement ciselé, apparaît un écusson aux armes de Le Brun :

fleurs de lys d'or sur champ d'azur, soleil en chef sur champ de sable.

Le péristyle de cet hôtel est d'un dessin imposant et tout, dans cette belle demeure, porte le cachet le plus pur de la « Grande Epoque » qui la vit naître.

L'escalier, à rampe de fer forgé, qui dessert les étages, est majestueux et presque royal. Le Roi-Soleil ne dédaigna pas, d'ailleurs, d'en franchir les degrés, lorsqu'il vint, dans l'atelier du maître, examiner en personne les cartons préparatoires des peintures de la grande galerie de Versailles.

Lorsque Le Brun, nommé Directeur des Gobelins, alla habiter la célèbre manufacture, il loua son hôtel lequel, entre autres occupants, eût, paraît-il, l'honneur d'abriter Mademoiselle de La Vallière entre les deux retraites qu'elle fit au couvent des Carmélites de Chaillot.

Dans le quartier on désigne encore sous le nom d'Hôtel *La Vallière* la belle demeure qui nous occupe.

*
* *

Le Brun, auditeur des Comptes, neveu et héritier du maître dont il honorait la mémoire avec une évidente piété, s'attacha à conserver et à embellir encore cette fastueuse résidence. On venait admirer chez lui un riche cabinet de tableaux dûs, pour la plupart, à son oncle.

Ces merveilles intérieures ont malheureusement disparu, la plupart sous la Révolution et cet immeuble, déchu de sa gloire, mais toujours imposant, fut pendant près d'un siècle, occupé par une institution de jeunes gens.

C'est aujourd'hui une manufacture de chaussures et dans l'atelier même où furent conçus les cartons de Versailles, ceux de l'hôtel Lambert, la *Défaite de Maxence* et le *Christ aux Anges*, des compagnons de saint Crépin s'adonnent de nos jours au maniement de l'alène et s'appliquent à marier savamment la tige et l'empeigne...

*
* *

Un dessin de Lespinasse, daté de 1787 et conservé au Louvre, reproduit la vue superbe dont on jouissait naguère, du côté de la Seine, du haut du balcon de l'hôtel Le Brun. C'est cette même perspective que vient de lui rendre — provisoirement hélas ! — la démolition de la petite maison de la rue de Jussieu que nous signalions en commençant et qui nous a permis, à tout le moins, de retrouver ce bijou d'architecture caché, en quelque sorte, dans un écrin de vieilles pierres rébarbatives...

VIEILLES FONTAINES

La commission du Vieux-Paris qui voulait conserver la jolie fontaine adossée à l'ancien hôpital
Trousseau, récemment démoli, rue de Charenton,
vient de voir son vœu se briser contre l'implacable
volonté du « service des alignements » *(sic)* dont le
but et les fonctions sont de tout sacrifier — son nom
l'indique — à la ligne droite... La jolie fontaine
serait en dehors de l'alignement : on va la jeter bas.

Périsse *une fontaine* plutôt qu'un principe.

Deux autres fontaines similaires et contemporaines
de celle qui va disparaître nous seront heureusement
conservées. Elles consacrent, aux n°s 70 de la rue
de la Roquette et 41 de la rue de Turenne (ancien
Hôtel de Joyeuse), un souvenir précieux pour les
Parisiens : celui de la première adduction d'eaux de
source faite dans la Capitale, par le captage de
l'Ourcq. Et cela d'une façon charmante.

Une délicieuse naïade de bronze, portant à ses
pieds le mot : *Ourcq*, sort d'une conque de marbre

entourée d'attributs aquatiques, cigognes, tritons, dauphins et coquillages.

Grâce pour les vieilles fontaines !...

COIN DE PARIS CHER AUX MUSES...

On connaît la statue de bronze, due au ciseau de Marquet de Vasselot, élevée, en 1886, en l'honneur de Lamartine dans le minuscule *square* aménagé à l'intersection des avenues Victor-Hugo et Henri-Martin.

Tout dernièrement, les Lamartiniens se rendirent en pèlerinage presque en face de cette statue, dans le jardin d'une belle maison, qui a remplacé, au 109 de l'avenue Henri-Martin, le chalet où s'éteignit le chantre de *Jocelyn*. Des fleurs furent mises au pied d'un vieux marronnier, à l'ombre duquel le poète, terrassé par l'âge et par la maladie, aimait à se reposer.

Coïncidence curieuse : la maison qui reçut la visite des admirateurs de Lamartine est habitée par Madame la comtesse Mathieu de Noailles, et c'est là que fut écrite l'*Ombre des Jours*.

Voilà, on l'avouera, un « coin de Paris » singulièrement aimé des muses.

LE CŒUR DE PARIS

*Le square de l'Archevêché et la fontaine de la Vierge. —
Un provisoire qui dure longtemps ! — Boileau. —
Les duels judiciaires. — Un sanctuaire d'Art.*

Au chevet de Notre-Dame, en ce site incomparable
que déparent si malheureusement les mornes cons-
tructions de la *Morgue*, quelques beaux arbres, forts
et bien venus, font une charmante couronne de verdure à un petit édicule gothique, d'un ravissant dessin, que l'on appelle la *Fontaine de la Vierge*.

C'est le square de l'Archevêché.

Ce jardin fut créé au lendemain de la journée du
13 février 1820 sur les ruines de l'ancien archevêché de
Paris que la populace, pour répondre, à sa façon,
aux manifestations loyalistes provoquées par l'assas-
sinat du duc de Berry, trouva bon de saccager de
fond en comble malgré la mâle protestation et les
courageux efforts du digne et vénéré archevêque,
Mgr de Quélen.

*
* *

Provisoirement, en 1820, une grille fut posée, en manière de barrage, entre le portail sud de la cathédrale et le parapet du quai, afin d'éloigner le public du terrain où s'opéraient les travaux de déblaiement. Mais à l'instar de la fameuse sentinelle placée, au Jardin des Tuileries, pour « garder » un banc fraîchement repeint et qui ne fut relevée qu'au bout de plusieurs années... notre grille est demeurée en place et après quatre-vingt-six ans écoulés — c'est la durée presque normale du *provisoire* en France — il est toujours impossible au public de pénétrer dans le joli square de l'Archevêché par la voie qui s'amorce sur le parvis Notre-Dame que continue de barrer la grille de 1820 derrière laquelle la Ville a aménagé un « dépôt de pavés » renforcé par un amoncellement de balayeuses et de tonneaux d'arrosage !

Ces différents ouvrages fortifiés vont enfin disparaître.

A la demande de l'édile du quartier, le terrain, débarrassé de tout ce qui l'encombre, va être planté à son tour. Cela accroîtra de près d'un tiers la superficie du square et pour y pénétrer, mamans et bébés n'auront plus désormais à doubler le lugubre cap de la *Morgue* devant laquelle s'ouvre actuellement la seule entrée du jardin.

*
* *

L'ancien Archevêché était jadis borné au nord par un réseau de ruelles et d'impasses inextricables. L'une d'elles s'appelait *rue de l'Abreuvoir*. Boileau y demeura et c'est là, à l'emplacement de la jolie *Fontaine de la Vierge* dont nous avons déjà parlé, que s'éteignit le chantre du *Lutrin*, le 13 mai 1711.

Souvenirs plus anciens. C'est dans la cour de l'Evêché — Paris à cette époque relevait de l'archevêché de Sens — que se pratiquaient, au moyen âge, les « monarchies » ou duels judiciaires. Le chapitre prélevait une redevance sur les combats singuliers qui se livraient sur la propriété. Le taux était de 60 sols pour le vaincu roturier et de 60 livres pour le gentilhomme vaincu. Et c'est de cette tradition que naquit le fameux proverbe : « Les vaincus paient l'amende ».

*
* *

Lorsque le square de l'Archevêché sera complété par l'heureuse adjonction qui se prépare ; lorsque la *Morgue* dont le nom évoque une idée de fierté et s'ap-

plique aux gens qui portent la tête haute — les
« Machabées » qu'on y expose sur les dalles du marbre
y sont placés, eux aussi, — ironie cruelle — la tête
en haut... lorsque la Morgue, disons-nous, aura été
transportée dans Paris ; lorsque seront abattus, enfin,
les hideux bâtiments qui servent d'annexe, sur la rive
gauche, à l'Hôtel-Dieu ; lorsque tout cela aura été fait,
ce délicieux coin de Paris — « le cœur de Paris » —
sera bien le « sanctuaire d'Art » dont nous parlait, il
y a quelques jours à la Chambre, notre intendant
des Beaux-Arts, et les inoubliables pages que Victor
Hugo consacrait naguère, dans *Notre-Dame de Paris*,
à la vieille « Cité » parisienne « s'offrant aux yeux
avec sa poupe au levant et sa proue au couchant »,
nous paraîtront plus belles encore à lire...

PETITS BATEAUX QUI VONT SUR L'EAU...

Là-bas, très loin, à Javel, sur le glacis des fortifications, tout au bout de la nouvelle avenue Félix-Faure, vient d'être aménagé un immense bassin, long de plus de trois cents mètres, qui a reçu le nom de « bassin d'essai de carène ».

Son but sera de permettre aux ingénieurs de la Marine de faire des expériences sur des « réductions » de bâtiments actuellement en construction sur nos chantiers maritimes.

Et sans doute y verrons-nous bientôt MM. les ingénieurs tirer, au bout d'une longue ficelle, de petits bateaux — la marine de Lilliput, alors ? — pour en calculer la résistance et en apprécier la vitesse...

Ce sera quelque chose comme le bassin des Tuileries pour... adultes.

Si drôle que paraisse, à première vue, cette idée de marine d'eau douce, elle ne manque pas d'intérêt ; elle a été essayée avec succès à l'étranger, notamment à Greenwich.

Comme l'eau du « bassin de carène » parisien a été fournie par la Seine, le poisson y abonde. Et, en attendant les essais sérieux, on peut s'y livrer à de fructueuses séances de pêche à la ligne.

On ne s'ennuie plus... à Javel !

LA « FEMME SANS TÊTE »

Ceci pourrait être l'intitulé d'un crime sensationnel... C'est simplement le nom d'un carrefour assez peu connu, sous lequel, entre Ville-d'Avray et Chaville, s'enfonce en tunnel la ligne de Versailles (R. D.) et que l'on se prépare à dépecer savamment pour le transformer en « terrains à bâtir ».

Une légende, qui se perd dans la nuit des temps, veut que dans ce coin, jadis reculé, des bois de Fausses-Reposes, fut découvert, un beau matin, le corps, privé de tête, d'une jeune fille dont on ne put jamais connaître le nom — à toi Montépin ! — pas plus qu'on ne retrouva les traces du mystérieux assassin...

Pour sortir de la légende, c'est au carrefour de la *Femme sans tête* que le maréchal Exelmans mit en pièces, en 1815, l'armée prussienne qui y perdit ses plus beaux régiments, ceux de Brandebourg et de Poméranie...

LE « CARREFOUR DES ÉCRASÉS »
DE LA RIVE-GAUCHE

Le carrefour Buci est l'un des sites parisiens où l'on s'écrase avec le plus d'entrain... Depuis longtemps les riverains de cette zone dangereuse s'en plaignaient. On se décide à écouter leurs doléances et le *Bulletin municipal* vient d'en prescrire l'élargissement à bref délai.

Du coup, plusieurs vieilles maisons pittoresques vont mordre la poussière et, parmi les plus intéressantes d'entre elles, celle qu'habita le fameux « Restaurateur des lettres » de l'époque, le cabaretier Landelle où fréquentèrent Gresset, Crébillon fils, Collé et autres beaux esprits du temps passé.

Autres souvenirs. C'est au carrefour Buci que s'éleva, en 1792, le premier des échafaudages dressés sur la voie publique pour enrôler, au nom de la « Patrie en danger » les volontaires avides de gloire. C'est là aussi que, quelques mois plus tard, eurent lieu les premières scènes des massacres de septembre...

UNE RUE TRISTE

*Ravins et fondrières. — Souvenirs de la semaine san-
glante. — La villa Lévêque. — L'obélisque des
Martyrs.*

L'une des rues les plus tristes et les plus désolées,
de l'ancienne banlieue parisienne, nous voulons parler
de la rue Haxo, à Ménilmontant, est en ce moment,
en voie de réfection complète.

C'était naguère le « chemin de Pantin » ouvert,
en 1834, sur les terrains de l'ancien parc seigneurial
de Ménilmontant ; il devint, en 1865, la rue Haxo,
du nom du général baron François Haxo qui dirigea
les travaux du premier siège d'Anvers, en 1802.

** **

Jusqu'en ces derniers temps, la rue Haxo était
demeurée indigne de la grande voirie parisienne.

Rude, escarpée, malaisée, éclairée, le soir venu, par de rudimentaires quinquets à l'huile, ravinée en son milieu, par un ruisseau qui, aux jours de pluie, se transformait en un véritable torrent, elle était bordée de masures tortueuses et d'immenses terrains vagues que défendaient à peine de vieilles murailles branlantes, lépreuses, percées à jour...

Comme sous le coup d'une baguette magique, la rue Haxo vient de se transformer.

Une immense caserne de pompiers, aux tourelles élancées, un groupe scolaire tout flambant neuf, quelques usines faites de vitres et de pierres d'une blancheur immaculée, ont enfoui sous leurs puissantes assises les anciens « champs-clos » — mal clos ! — qui jadis servaient de rendez-vous à la « basse pègre » du quartier. De tortueuse, la rue Haxo est devenue droite et sur sa chaussée soigneusement nivelée le pavé de bois a remplacé les cailloux du temps jadis...

Et pourtant cette rue renovée conserve toujours une apparence « hostile ». Son nom, également, « sonne mal... » Pourquoi ? Hélas ! il ne faut pas en chercher bien loin la raison.

C'est là qu'aux sombres heures de la Commune se passa l'une des plus effroyables tragédies de « l'année maudite ». C'est là que, par un lugubre soir de mai 1871, soixante-trois infortunés « otages » — prêtres, gendarmes et gardes municipaux — furent fusillés à bout portant par la Commune agonisante et chassée du centre de Paris... Le « mur des otages » se voit toujours, percé de mille flétrissures — ce sont les traces des balles — au fond de l'ancienne « Villa Levêque », l'un de ces enclos dont nous parlions plus haut, adossé au vieux cimetière de Belleville.

Au centre de l'enclos, croupit une petite pièce d'eau morte et rougie par la rouille des années accumulées au cours desquelles elle ne fut pas renouvelée... rougie aussi peut-être, par le sang des victimes...

Quelques arbres malingres portant eux aussi, mal cicatrisées, les traces des blessures que leur firent les balles de la Commune, achèvent de dépérir dans ce jardin sinistre, « l'un de ces jardins tristes qui semblent faits « pour être regardés l'hiver et la nuit » — comme a dit Victor Hugo en décrivant le jardin où tombèrent Jean Valjan et Cosette...

*
* *

Derrière le « mur des otages », au centre du cimetière de Belleville, fut érigé, en 1880, à la mémoire des martyrs de la rue Haxo, un modeste obélisque dont l'ombre se profile, lorsque le soleil est à son déclin, sur ce sol où coula tant de sang innocent..... Et voilà pourquoi la rue Haxo, malgré tous ses enjolivements modernes, reste toujours une rue sinistre et désolée...

Une rue « hostile !... »

LES BRUGNONS DE M. THIERS...

L'administration est en train de mettre un peu d'ordre dans le *Capharnaüm* connu sous le nom de « Dépôt des marbres », lequel va, très probablement, quitter le quai d'Orsay à l'instar de sa vieille voisine, la manufacture des tabacs.

L'autre jour, un fonctionnaire en cours d'inspection y découvrit, non sans étonnement, au milieu d'un jardinet, un arbre chargé de superbes brugnons.

— Ce sont, lui fut-il dit, les brugnons de M. Thiers.

— Les brugnons de M. Thiers?

— Les brugnons de M. Thiers, parfaitement. Le chef du Pouvoir Exécutif était très friand de ce fruit et il ne se passait guère de jour qu'on ne lui en présentât une corbeille au déjeuner. Il avait la manie de fourrer les noyaux dans sa poche. Or, il vint, un après-midi, visiter des bas-reliefs de Ramey — ceux que vous avez devant les yeux et qui sont là depuis une cinquantaine d'années — et comme, en se retournant, il cherchait quelques pièces pour le garçon qui l'avait guidé, deux noyaux tombèrent de sa poche. Le gardien s'en saisit comme des reliques, les planta, et de là vient l'arbre fruitier en question.

Des deux noyaux de M. Thiers, un seul avait germé...

SOUVENIRS DE CARRIÈRE...

A propos d'une plaque de marbre blanc. — La tour de Solférino. — Le chemin des Anes. — Calembour municipal.

A la demande du Comité des Inscriptions parisiennes, et sur l'avis conforme de M. le Préfet de la Seine, la butte Montmartre va s'enrichir d'une belle plaque de marbre blanc.

C'est sur les enrochements situés rue Ronsard, derrière le marché Saint-Pierre, qu'elle sera apposée, au flanc méridional de la « Butte, » là où nous avons connu la *Tour de Solférino*, là où furent installées, pendant le siège de 1870-71, les fameuses batteries, dont les Fédérés devaient, hélas ! s'emparer plus tard.

Voici quel sera le libellé de l'inscription projetée :

Ici, était l'entrée des carrières de Montmartre
Où furent découverts les ossements fossiles
Qui servirent en 1798 aux études de Cuvier
Créateur de la paléontologie.

Dans ses souvenirs de là *Bohème Galante*, le bon Gérard de Nerval raconte qu'il a rencontré parfois, dans ses promenades nocturnes, de vieux ouvriers qui avaient travaillé à ce moment dans les carrières et se rappelaient les découvertes de Cuvier.

Ne quittons pas les carrières de Montmartre sans rappeler une bien amusante historiette qui s'y rapporte.

Au mois d'octobre 1740, on mit à jour, au cours des fouilles qui y étaient pratiquées, une pierre sur laquelle étaient tracés des caractères presque indéchiffrables et qui fut envoyée à l'Académie des Inscriptions et Belles-Lettres. Après avoir eu recours à tous les moyens qu'indiquait la science pour rendre les lettres lisibles, on finit par découvrir ceci :

ICIL

ECHE

MIND

ESAN

ES

« Quand il a fallu rechercher, écrit Bachaumont, dans quelle langue étaient écrits ces caractères et ce qu'ils signifiaient, les Académiciens se sont inutilement cassé la tête. Ils ont consulté M. Court de Gibelin, le savant auteur du *Monde Primitif* et

l'homme le plus versé dans la connaissance des hiéro-
glyphes ; il s'est avoué incapable d'y rien comprendre.
Le bedeau de Montmartre, entendant parler du fait
et de l'embarras des Académiciens, a prié qu'on lui
fît voir la pierre, et, sans doute instruit de son existence antérieure, il en a donné sans difficulté la
solution, en assemblant simplement les lettres qui
forment ces mots français :

Ici le chemin des ânes

Il y avait, dans ces cantons, des carrières à plâtres,
et c'était une indication aux plâtriers qui venaient en
charger des sacs sur leurs ânes dont ils se servent
pour cette expédition. »

Avouons que l'anecdote est jolie et que c'est le cas
ou jamais de redire :

Se non è vero, è bene trovato...

Le « chemin des ânes » est resté légendaire dans
les fastes de Montmartre. Depuis 1839, on en avait
fait la rue des *Grandes Carrières*. Or, il paraît que le
Conseil municipal veut débaptiser cette rue, pour lui
donner le nom du regretté peintre, décédé récemment, *Eugène Carrière*.

Il n'y aura guère qu'un mot à changer et l'on peut
voir là une manifestation nouvelle de cet amour du

calembour et de l'à peu près auquel nous devons déjà, à Passy, la rue *Eugène-Delacroix,* ancienne rue de *La Croix,* la rue *Denfert-Rochereau,* ancienne rue d'*Enfer* et d'autres encore...

Décidément, l'esprit court... les rues!

LA LUCARNE DE CHARLOTTE CORDAY

La rue du Louvre qui, dans un temps donné, doit réunir les quais aux boulevards, va franchir une nouvelle étape : un arrêté inséré au *Bulletin municipal,* annonce l'ouverture de son nouveau tronçon entre les rues d'Argout et d'Aboukir.

Cette percée importante va entraîner la disparition de deux vieilles impasses, celles de Saint-Sauveur et du Vigan qui jadis se dénommaient : le *Rempart,* en raison du voisinage immédiat de l'enceinte fortifiée du vieux Paris de Charles V.

Quelques antiques bâtisses vont aussi mordre la poussière et entre autres celle portant le n° 57 de la rue d'Argout où descendit Charlotte Corday à son arrivée à Paris, avant d'aller acheter, le samedi 13 juillet 1793, au Palais-Royal, moyennant deux francs, le couteau de cuisine qu'elle devait planter, le soir même, dans la poitrine de Marat...

La chambrette de Charlotte Corday se reconnaît encore, au sommet de la maison, à une petite lucarne ronde...

LE PAVILLON DE SUÈDE

A mi-chemin d'Asnières et de Courbevoie; non loin des rives, assez peu hospitalières en ces parages, de la Seine; au lieu dit : Bécon-les-Bruyères — en fait de « bruyères » on n'y rencontre guère que des tessons de bouteilles — un chalet rustique, tout de bois construit, s'enfouit sous la vigne vierge et les lianes folles...

Derrière, les épais ombrages du magnifique château du prince Stirbey qu'entourent les grilles monumentales de l'ancien Palais des Tuileries, lui font un bel écran de verdure.

Le pavillon de bois, aux persiennes hermétiquement closes, aux cheminées branlantes, aux balcons qui s'émiettent sous les injures du temps, semble être une restitution mélancolique du chalet de la *Belle au Bois dormant...*

Une impression de « déjà vu » nous saisit lorsqu'au hasard d'une excursion suburbaine nous rencontrâmes cette thébaïde et cette sensation ne tarda pas à se changer en certitude après que nous eûmes découvert, derrière une touffe de ronces, un vieil écriteau de toile portant ces mots, à demi effacés :

PAVILLON DE SUÈDE
Ayant figuré à l'Exposition de 1878
A VENDRE OU A LOUER

Et, faisant un brusque saut dans le passé, nous revîmes, en un recul de près de trente années, le gai et joli pavillon, pavoisé aux couleurs suédoises, qui, au 1er mai de 1878, salua, le premier, le Maréchal de Mac-Mahon venant inaugurer les jardins de l'Exposition sur les flancs du Trocadéro.

Trente ans — mettons-en vingt-huit — cela compte... même pour un chalet de bois !

LA MAISON DU POÈTE ET DU PEINTRE

Si, d'aventure, vos pas vous mènent par là, ne manquez point de faire une halte dans le délicieux hôtel Louis XVI qui porte le numéro 10 de la paisible rue de l'Eperon.

C'est une maison qui mérite une visite.

Théodore de Banville l'habita longtemps et c'est là que son beau-fils, Rochegrosse, fit ses débuts.

Pénétrez dans l'ancienne cuisine du poète, aujourd'hui transformée par un libraire en un magasin de réserve. Priez que l'on déplace quelques rayons des livres qui s'y entassent et vous verrez alors de jolies scènes égyptiennes — sphinx au nez camard, prêtresses d'Isis en extase — qui décorent les murailles, voire même la hotte de la vieille cheminée.

C'est Rochegrosse qui composa ces panneaux, quand il n'était guère qu'un enfant, il y a de cela une trentaine d'années.

L'Hôtel de Banville s'ouvre sur un jardin ravissant dont les frondaisons s'enlacent à celles du lycée

Fénelon (ancien Hôtel de Jeanne de Navarre), son immédiat voisin.

Le poète aimait à rêver sous ces ombrages ; il y trouva ses dernières inspirations.

Le peintre y ébaucha ses premières esquisses.

———

AUTOUR DE LA CHAPELLE EXPIATOIRE

Le vieux gardien Stalter. — Comment la chapelle fut sauvée sous la Commune. — Diplomate improvisé. — Origines du monument. — Souvenir de M. Desclozeau.

Jean-Baptiste Stalter est un brave enfant de l'Alsace, ancien lancier de la Garde, devenu sacristain de la chapelle des Tuileries, poste auquel l'avait appelé la bienveillance du maréchal Vaillant, ministre de la Maison de l'Empereur. Nommé gardien de la Chapelle Expiatoire au lendemain de la guerre, il vient, après plus de cinquante ans de bons et loyaux services, de prendre sa retraite pour se retirer là-bas, le long de la frontière, sur la terre demeurée française où il lui sera permis de vivre ses derniers jours en considérant — de loin — le clocher de son village natal incorporé — hélas! — au domaine de l'Empire allemand...

*
* *

Il avait été l'un des témoins directs des évènements cruels au cours desquels la Chapelle Expiatoire fut mise à deux doigts de sa perte.

Nous sommes à la fin de mars 1871.

L'un des premiers décrets de la Commune triomphante avait visé la destruction immédiate de la Colonne Vendôme et du monument élevé à la mémoire du Roi-Martyr et de l'infortunée Marie-Antoinette.

Le décret, on ne le sait que trop, fut exécuté en ce qui concerne la Colonne Vendôme. Il allait recevoir son application au sujet de la chapelle de la rue d'Anjou, lorsqu'un courageux citoyen se disant Américain et qui s'était mis, paraît-il, d'accord avec l'éminent représentant des Etats-Unis, M. Washburne, vint trouver les chefs de l'insurrection et leur proposa un marché.

Il déclara que son gouvernement était disposé à acheter, d'un bloc, le monument pour le faire transporter pierre par pierre dans son pays natal et le faire réédifier sur la place publique de l'une des villes de la Louisiane.

Ses premières ouvertures furent repoussées par la Commune, mais l'acheteur y mit tant d'insistance et d'habileté ; il offrit, par ailleurs, un chiffre si élevé de ces quelques « cubes de vilaines pierres de taille » — un demi-million, paraît-il — que les Fédérés trouvant la somme bonne à prendre, finirent par consentir à franchir ce pont d'or... Comme entrée de jeu et en guise d' « épingle », l'acheteur commença par payer comptant, moyennant cinq mille francs, les vases sacrés et les ornements du culte garnissant la chapelle qu'il conserva religieusement par devers lui pour, au lendemain de l'écrasement de l'insurrection, les restituer sans qu'il voulut entendre parler de la moindre indemnité.

*
* *

Cependant la Commune le pressait d'exécuter son marché et de la débarrasser de la chapelle. A chaque mise en demeure l'acheteur inventait un prétexte à opposer. Tantôt c'était la difficulté de trouver les fonds nécessaires ; l'impossibilité de se procurer des moyens de transport pour ces lourds matériaux, ou encore de traverser les lignes de « l'armée assiégeante ». Tantôt, enfin, c'était l'état de la mer qui avait empêché le navire, armé pour transporter la chapelle en Amérique, d'atterrir dans un port du littoral !... Tant et si bien qu'après deux mois de longs et patients efforts le courageux citoyen, qui avait fait montre, en ces dures circonstances, d'une incontestable habileté diplomatique, vit enfin luire l'aube libératrice du 24 mai. Paris était rendu à la France et à la Liberté ; la Chapelle Expiatoire était sauvée !

*
*   *

Pendant les quelques années qui suivirent, M. le Comte de Chambord assura, sur ses deniers, l'entretien de la Chapelle Expiatoire.

Le dernier service religieux y fut célébré le 16 octobre 1883.

Le 20 janvier de l'année suivante, veille du jour où l'on se préparait à commémorer l'anniversaire de la mort de Louis XVI, M. Jules Ferry, alors ministre de l'Instruction Publique et des Cultes, fit transporter au Garde-Meuble les objets du culte que le brave acheteur de 1871 avait arrachés aux mains de la Commune...

*
*   *

On sait que le monument qui nous occupe fut érigé, au lendemain de la Restauration, sur l'emplacement exact de l'ancien cimetière de la Madeleine où avaient été déposés les restes de Louis XVI et de Marie-Antoinette.

Sur le fronton du monument se lit l'inscription suivante :

Le roi Louis XVIII a élevé ce monument pour consacrer le lieu où les dépouilles mortelles du roi Louis XVI et de la reine Marie-Antoinette, transférées le 21 janvier 1815 dans la sépulture royale de Saint-Denis, ont reposé pendant vingt et un ans.

Il a été achevé la deuxième année du règne du roi Charles X, l'an de grâce 1826.

L'ornementation extérieure de ce cénotaphe paraît quelque peu froide et monotone. Mais elle a sa grandeur dans sa simplicité morne, parfaitement appropriée, d'ailleurs, à sa destination.

Perrier et Fontaine en furent les architectes.

*
* *

Lorsqu'on parle de la Chapelle Expiatoire, on ne saurait oublier de prononcer le nom d'un fidèle serviteur de la famille royale, M. Desclozeau, ancien magistrat qui, pendant la tourmente révolutionnaire, — la première, celle de 1793, — monta pieusement la garde autour des tombes du Roi et de la Reine.

Cet honorable citoyen qui avait assisté aux funèbres cérémonies, nota soigneusement l'endroit où les

corps se trouvaient ensevelis et que nul signe extérieur ne décelait. La Convention, espérant abolir ainsi
la pensée d'une réhabilitation posthume, avait rigou-
reusement proscrit toute marque apparente du
précieux dépôt.

A peine de retour chez lui M. Desclozeau dressa,
dans la solitude du cabinet, un plan exact de la disposition des sépultures.

Plus tard, au moment où les biens de l'Eglise de
France furent confisqués par décret conventionnel et
l'ancien cimetière de la Madeleine mis aux enchères,
il s'en rendit acquéreur et veilla avec une sollicitude
jalouse à la conservation des précieux restes qui y
avaient été déposés. Au retour de Louis XVIII, il
s'empressa de mettre le terrain à la disposition de la
famille royale et le 18 mai 1814, le grand chancelier de France, accompagné du comte de Blacas,
se rendit chez M. Desclozeau et se fit indiquer la
place où avaient été enterrés les restes du Roi et de
la Reine.

Les deux corps, on le sait, avaient été placés, la
tête entre les jambes, — ainsi que l'on faisait pour les
criminels ! — dans deux cercueils ayant coûté sept
francs cinquante et noyés dans un lit de chaux et de
sable...

Le 20 janvier 1815, sur les indications de M. Desclozeau, des fouilles furent faites au cimetière de la Madeleine en présence de M. le Chancelier Dambray ; du Comte de Blacas, ministre de la Maison du Roi ; de Mgr de La Tour, évêque de Nancy ; du Comte de Brézé, Grand-Maître des Cérémonies ; du bailli de Crussol ; du duc de Duras et du service de paix.

Le lendemain, les précieuses dépouilles furent transférées à Saint-Denis.

A l'angle des rues Pasquier et des Mathurins, s'élevait jadis le couvent des Bénédictines. C'est là que furent enterrés les restes des trois cents victimes de l'accident survenu aux Tuileries et de la panique de la place Louis XV, lors du mariage du Dauphin, le 6 juin 1770.

*
* *

Depuis que le brave Jean-Baptiste Stalter a pris sa retraite, c'est un agent relevant de l'Administration des Beaux-Arts qui promène les visiteurs à travers les galeries froides et mélancoliques du monument funèbre. Quant au square aux généreux ombrages, il est placé sous l'autorité directe du gardien classique dont le rôle principal consiste à faire le « Croque-mitaine » à l'égard des enfants qui seraient tentés de s'aventurer sur les pelouses ou de dépouiller de leurs fleurs les maigres plates-bandes qui bordurent les allées de ce très mélancolique endroit que va déshonorer prochainement le voisinage immédiat de l'odieux Métropolitain !

———

THÉATRE OUBLIÉ

Le prolongement projeté de la rue Etienne-Marcel jusqu'à la Bastille fera disparaître, dans les quartiers Sainte-Avoie et des Archives, toute une série de ruelles tortueuses, les unes simplement hideuses, les autres pittoresques au possible.

Parmi celles-ci figure, entre les rues Quincampoix et Saint-Martin, le passage Molière qui dut son nom et sa célébrité à la petite salle de théâtre qui y fut construite, en 1791, par un nommé Boursault, arrière-petit-fils du poète.

Comédien, homme d'affaires, directeur de théâtre à Marseille et à Palerme, puis membre de la Convention, concessionnaire, sous l'Empire, du nettoyage de la ville de Paris et, plus tard, de maisons de jeu, Boursault amassa une fortune énorme.

Quant à son théâtricule, qu'il avait dénommé de *Molière*, et qui fut inauguré, le 4 juin 1791, par une représentation du *Misanthrope*, il prit le nom de théâtre des *Sans-Culottes* en 1793 ; en 1806, il devint les *Variétés Etrangères* pour reprendre, en 1831, son premier nom.

Saint-Aulaire, sociétaire de la Comédie-Française, y établit un cours de déclamation. Il eut parmi ses élèves, Rachel, Maubant, Belvaut et d'autres moins célèbres : Beaulieu, ancien cavalier, qui figura plus tard comme général dans les pièces militaires du cirque Olympique ; Boileau qui joua à ce même théâtre le rôle de Napoléon, dont il avait le *facies*.

La salle Molière se changea ensuite en club, en bal public.

Quant à Boursault, il acheta du côté des Batignolles des terrains sur lesquels il se fit construire un palais entouré de jardins merveilleux. Ce domaine fut dépecé et une rue rappelle le nom de son fondateur qui disparut en 1838 après avoir ruiné successivement tous les directeurs de l'Opéra-Comique, sous la Restauration et Louis-Philippe, en les commanditant.

La salle Molière est aujourd'hui occupée par une fabrique de corderie.

Des vestiges de l'ancienne salle — colonnes et galeries — peuvent se voir encore, par derrière, au numéro 82 de la rue Quincampoix.

Le musée Carnavalet dont le si distingué Conser-

vateur, M. Georges Cain, est toujours soucieux
d'augmenter le riche patrimoine, devrait bien les
recueillir...

SOUS LES TILLEULS...

Cet écho ne nous vient pas de Berlin mais simplement de Charonne. C'est dans ce vieux faubourg, en effet, au n° 145 de la rue de Ménilmontant, que s'élève l'ancien familistère des saint-simoniens, connu sous le nom « des Tilleuls ».

Lorsque, vers 1824, M. Enfantin, le plus fervent disciple de Saint-Simon, vendit la propriété des Tilleuls, un restaurateur s'y installa, qui fut célèbre pendant de nombreuses années pour ses repas de corps et festins de noces populaires.

Après l'annexion du village de Charonne à Paris, la vogue diminua, et le dernier propriétaire, malgré l'offre d'une photographie gratuite aux mariés qui venaient dîner chez lui, fut obligé de fermer boutique.

Par la suite, la grande salle du rez-de-chaussée servit pour les réunions publiques, et tour à tour on y entendit Gambetta, qui y vint plusieurs fois lors des élections de 1881, — c'est là qu'il alla chercher les « esclaves ivres dans leurs repaires » — et

Louise Michel, qui y fit pour ainsi dire ses débuts.

C'est également dans cette salle qu'un punch fut offert à Félix Pyat, à l'occasion du pistolet « d'honneur » offert à Berezowski.

Depuis, la propriété fut morcelée. Les « Tilleuls » ont été abattus mais la maison du Père Enfantin subsiste toujours et la société des « Amis de Paris » est dans l'intention de faire apposer une plaque commémorative sur l'un des piliers de la grille qui porte encore, à demi effacée, cette inscription : *Maison de Convalescence.*

Hélas ! elle est bien malade, la vieille maison de convalescence...

A LA ROQUETTE

L'exode des prisons de Paris. — Hospitalières et Arque-
busiers. — Vieille corporation parisienne. — Le
marquis de Montalembert et le général Bonaparte. —
La Folie-Regnault. — Roquette, roquettes et Rochette.

A l'exemple de sa voisine et sœur aînée la Grande-
Roquette, l'affreuse prison connue sous le nom de
Prison des *Jeunes Détenus* — ou Petite-Roquette —
va quitter Paris pour être transférée dans la grande
banlieue. C'est ainsi que la Capitale s'occupe sans
cesse à faire sa toilette et se débarrasse successivement des verrues qui déparent son visage...
Mazas, Sainte-Pélagie et la Grande-Roquette ont,
en quelques mois, mordu la poussière. Des quartiers entiers, sains et aérés, ont remplacé les hideuses
murailles derrière lesquelles il se passait de si tristes
choses.

Sur l'emplacement libre de la Petite-Roquette va

être dessiné bientôt un joli square ; on ne perdra pas au change.

La prison qui va être démolie avait été construite sur les terrains de l'ancien couvent des *Hospitalières de la Charité Notre-Dame* fondé, en 1636, sous l'invocation de saint Joseph, grâce aux libéralités de la duchesse de Mercœur.

Tout contre, se voyait jadis l'*Hôtel de l'Arquebuse*. C'était le siège de la puissante compagnie des arquebusiers de Paris qui, créée en 1617, ne disparut qu'à l'époque révolutionnaire.

L'*Hôtel de l'Arquebuse* s'élevait primitivement au lieu dit : le « Moulin d'Ardoise », près du Temple. Exproprié lors de l'aménagement du Cours — notre actuel Boulevard — il fut transféré à la Roquette par lettres-patentes de Louis XIV, en 1684.

Les brevets de chevaliers de l'Arquebuse étaient signés du gouverneur de Paris, colonel d'honneur de cette compagnie royale qui, au point de vue de la juridiction, relevait de la Connétablie et Maréchaussée de France.

L'uniforme des arquebusiers était écarlate, galonné d'or, avec parements et revers de velours bleu de ciel. Le bouton, doré, portait une arquebuse et une arbalète placées en sautoir et surmontées de la couronne royale.

Les chevaliers de l'Arquebuse devaient se familiariser avec les exercices militaires afin, lisons-nous dans un document du temps, « de pouvoir prendre les armes et de faire le service comme troupes réglées, si quelques cas pressants obligeaient de les employer ».

Les arquebusiers tenaient séance tous les dimanches, depuis le 1ᵉʳ mai jusqu'au jour de la Saint-Denis.

Les prix décernés aux vainqueurs des concours consistaient en de beaux jetons d'argent, aux armes royales, et portant cette devise :

Per tela ; per ignes

La fête des arquebusiers se célébrait le jour de la Saint-Laurent.

Une grande fabrique de porcelaine, verrerie et cristaux occupe, de nos jours, l'emplacement de l'Hôtel des Arquebusiers.

*
* *

Un autre voisin de la Roquette était, au temps jadis, l'Hôtel du marquis de Montalembert, lieutenant-général en Saintonge et en Angoumois, plus tard maréchal de camp ; un grand seigneur doublé d'un brave soldat et d'un savant émérite. Il se présenta à l'Institut pour la section de mécanique ; tous les suffrages allaient se porter sur son nom lorsque, soudain, une autre candidature se produisit ; c'était celle du général Bonaparte. Le marquis de Montalembert s'effaça...

De l'autre côté, la *Petite-Roquette* prenait vue sur de beaux jardins relevant de la « Folie-Regnault » (une rue voisine en a gardé le souvenir) dont l'orangerie et un coquet pavillon pouvaient se voir encore, il y a quelques années, en bordure de la rue de la Roquette. La « Folie-Regnault » s'était elle-même aménagée sur l'ancienne maison de campagne du Chancelier Hurault de Cheverny.

*
* *

Tels sont les souvenirs qu'évoque une simple excursion dans ces parages au nom tristement évocateur.

La Roquette ?... Au fait ! d'où vient ce nom ? D'aucuns prétendent que notre rue eut pour parrain M. de Roquette, grand vicaire de Cluny, puis évêque d'Autun, qui passe pour avoir posé, à son insu, devant Molière pour servir de type à Tartufe, et dont les sermons furent l'occasion d'une amusante épigramme, attribuée à Boileau, et qui disait ceci :

> On dit que l'abbé Roquette
> Prêche les sermons d'autrui.
> Moi, qui sais qu'il les achète
> Je soutiens qu'ils sont à lui...

Suivant d'autres, c'est la *roquette*, cette petite plante sauvage, à fleurs jaunes, des terrains incultes, qui aurait servi d'humble marraine à la rue que nous venons de parcourir. Les contreforts escarpés de la Butte du Mont-Louis (aujourd'hui Père-Lachaise) étaient, paraît-il, avant leur défrichement, tapissés de *roquettes*.

L'explication est plausible.

Mais pourquoi l'origine de cette curieuse dénomination ne viendrait-elle pas tout simplement de ce que, sous le règne d'Henri III, un lieu de plaisance situé en cet endroit s'appelait *La Rochette*, par allusion sans doute à la topographie accidentée de cet ancien coin de banlieue parisienne ? *La Rochette* et la *Roquette* ne se ressemblent-elles pas... comme deux sœurs ?

LE « CLOS » DE L'ÉTOILE

Connaissez-vous le « Clos » ? — Le « Clos », c'est un carré de pelouse, tout couvert de fleurs — des fleurs sans prétention, mais en profusion — au milieu desquelles émerge une petite bicoque couverte de tuiles et écrasée entre deux somptueux immeubles — les hôtels de Yturbe et Marinoni — à l'entrée de l'avenue du Bois de Boulogne, à droite, en venant de l'Arc de Triomphe.

Il y a là, au milieu de l'assemblement de toutes les élégances parisiennes, comme une évocation subite — amusante au possible — de chaumière dépaysée...

« Quel beau terrain perdu ! Quelle belle maison de rapport pourrait-on construire là ! » disent les uns. Et d'autres pensent : « Ce doux et poétique endroit cache sans doute un pieux mystère. » — Et ce sont ceux-ci qui ont raison.

Le jardin plein de fleurs rustiques et la masure moussue appartenaient, ainsi que les terrains environnants, à un modeste travailleur, à l'époque .où cet élégant quartier n'était encore qu'un coin perdu de campagne. La Fortune fut généreuse envers ses enfants et c'est l'une de ses descendantes qui, par un respectable sentiment de piété filiale, n'a jamais voulu que l'on touchât à la maison qui le vit naître ni aux fleurs qu'il aimait tant.

La propriétaire actuelle de ce poétique endroit — une octogénaire alerte et vive qui habite du côté de l'île Saint-Louis — vient chaque dimanche, pendant la belle saison, faire un pèlerinage à la maison paternelle. Elle appelle cela « descendre au *Clos* ».

Après un frugal repas, dont elle a apporté les éléments elle-même, pris sous une tonnelle du jardin, elle fait une ample moisson de fleurs qui suffisent à embaumer sa demeure tout au long de la semaine qui suit.

Et chaque dimanche elle « descend au *Clos* ». On dit qu'elle a refusé récemment deux millions de ces quelques mètres de terrain.

Ne trouvez-vous vraiment qu'elle est intéressante cette figure de la propriétaire du « Clos », assez désintéressée pour pouvoir perdre le revenu d'un si superbe emplacement ? Figure rare, on l'avouera.

LE PASSÉ DE LA JUSSIENNE

La rue de la *Jussienne,* bien déchue de son ancienne splendeur — elle comptait jadis quarante ou cinquante maisons ; elle n'en compte plus que quatre ou cinq de nos jours — est une de nos rues les plus corrompues... au simple point de vue, s'entend, de l'orthographe de son nom.

Primitivement elle s'appelait rue de *Sainte-Marie l'Egyptienne,* — c'est ainsi qu'elle figure dans le Censier de l'Evêché pour l'an 1489, — parce qu'elle renfermait, à cette époque, une chapelle dédiée à Sainte Marie l'Egyptienne et servant à la Communauté des Drapiers de Paris.

En 1792, la chapelle fut détruite et la rue fut « laïcisée ». On en fit la rue de *L'Egyptienne ;* puis *Gypienne ; Gibecienne ;* enfin *Jussienne,* ce qui ne signifie plus rien du tout !

Au début du XVIIIe siècle, les banquiers et les changeurs quittèrent en partie la rue des Lombards, et plusieurs d'entre eux se fixèrent en notre rue, à proximité de l'hôtel des Fermes, notamment le

financier Dupleix, qui avait son hôtel au numéro 16,
— aujourd'hui numéro 2 — où habita plus tard
Madame Dubarry, quelque temps après la mort de
Louis XV.

Cet hôtel encore debout et de conservation parfaite
est occupé, de nos jours, par un « Groupe scolaire ».

*
* *

Sous les règnes de Charles V et Charles VI, il y
avait, rue de la *Jussienne,* une cour des Miracles,
dans laquelle se réunissaient les *Coquillards,* lesquels,
couverts de coquilles, comme les pèlerins, deman-
daient l'aumône de maison en maison. Là aussi a
demeuré l'abbé Lattaignant, conseiller au Parlement
de Paris, l'auteur d'une chanson qui commence par
ce vers, connu de tout le monde :

J'ai du bon tabac dans ma tabatière...

Tout à côté, demeurait, en 1841, M. de Josserie,
juge au tribunal de commerce, et grand ami du capitaine Dumont-Durville ; ils furent tués tous deux,
lors de la terrible catastrophe du chemin de fer de
Versailles. C'est rue de la *Jussienne,* contrairement
à la légende qui le fit expirer à l'hôpital, qu'est mort,
en 1780, le poète Gilbert.

C'est également dans notre rue que Perruchot, organisateur du *Pacte de Famine,* établit sa banque aujourd'hui remplacée par un bâtiment appartenant à l'Assistance Publique.

Voilà une rue qui, on l'avouera, a un passé. Elle n'a presque plus de passants...

LE CHATEAU DE VITRY

Paris est menacé de perdre encore l'un des joyaux dont se parait son immédiate banlieue : nous voulons parler du château de Vitry.

C'était une belle et noble résidence que décoraient quatre statues — les *Quatre Saisons* — attribuées à Coysevox. Une jolie cour cintrée précédait l'entrée principale que fermait une grille en fer forgé, de toute beauté. Tout à l'entour, des jardins immenses faisaient à cette résidence une couronne de verdure ; ils avaient été dessinés par Le Nôtre et, écrit Piganiol de la Force, « dessinés dans le grand, ce qui a toujours donné un mérite supérieur à ses compositions sur celles de tous les autres *(sic)*. »

Vitry fut construit pour le compte des Séguier ; il appartenait en dernier lieu à la famille de Fadate de Saint-George.

** * **

Tout récemment encore, dans les bois et les prairies avoisinant le parc, là où aujourd'hui s'alignent les poteaux de lotissement et s'amorcent des voies publiques qui seront bientôt garnies de maisons, hélas ! — de fructueuses battues cynégétiques étaient données qui, le soir venu, faisaient sur le perron du château d'imposants « tableaux »... Et cela à quelques portées de fusil du glacis des fortifications parisiennes, entre le talus du chemin de fer d'Orléans et le *trolley* d'un tramway électrique quelconque !

Perdreaux, faisans et lapins vont émigrer ailleurs et les chasseurs adroits qui, l'an dernier encore, les culbutaient sous leur plomb meurtrier, s'ils revenaient aujourd'hui dans ces parages naguère si plaisants, auraient grande peine à s'y reconnaître.

Un souvenir, relevant du « fait divers », mais très dramatique, se rattache au château de Vitry. Le 2 floréal an IV (21 avril 1796) une bande de brigands masqués envahit cette demeure où résidait alors, avec sa famille, un riche financier, M. Du Petit-Val. Le lendemain, on trouva au pied de neuf des arbres faisant partie de l'allée d'honneur du château, neuf cadavres rangés symétriquement ; c'étaient ceux du propriétaire de céans, de ses trois sœurs et de cinq domestiques. Un enfant de sept ans échappa seul au massacre.

Ce crime inouï ne fut jamais puni et ses auteurs sont demeurés inconnus ; ils eurent sans doute pour eux la complaisante complicité des temps troublés que l'on traversait alors...

On se contenta de dire — puissent les « chauffeurs » de 1906 ne pas s'en formaliser outre mesure — que c'était là un exploit des *chauffeurs* qui, à cette date, contribuaient à désoler la France.

* *
* *

La savante et si précieuse Commission du « Vieux-Paris » — dont on ne compte plus les bienfaits dans le domaine de l'Art et de l'Histoire — a jeté les yeux du côté du château de Vitry. Peut-être réussira-t-elle à détourner de lui la pioche farouche du démolisseur, à sauver ses statues, ses lambris, son escalier de pierre à la rampe artistique... et aussi les deux beaux oiseaux, chers au cœur de Junon, qui, ces jours derniers encore, se *pavanaient* dans la cour d'honneur de cette belle résidence, de ce « Bagatelle » de la rive gauche.

Peut-être du château fera-t-on une Mairie.

L'essentiel est qu'il nous soit conservé.

STATUES EN EXIL

On se souvient — enfin ! — que c'est François Ier qui créa le Collège de France, et l'on se prépare à ériger dans la cour du vieil établissement de la butte Sainte-Geneviève la statue équestre du Père de la « Renaissance ».

Le modèle choisi sera sans doute une reproduction de la belle statue exécutée jadis par Clésinger, que nos pères purent admirer dans la cour du Louvre et qui, envoyée en 1862 à l'exposition de Londres, n'en est jamais revenue...

Triste et mélancolique en cet exil cruel, le beau François Ier de Clésinger fait en ce moment vis-à-vis à Guillaume le Conquérant, dans l'une des galeries du Palais de Cristal de Sydenham.

Cette statue avait remplacé au Louvre celle du duc d'Orléans par Marochetti, qui, après avoir subi l'outrage des émeutiers de 1848, est reléguée, elle, à Versailles, dans un bas-fond communément désigné sous le nom de « Fosse-aux-Lions », derrière une grille rébarbative, au flanc de l'escalier des cent marches, juste au-dessous de la statue de Napoléon Iᵉʳ par Bosio qui avait été destinée à orner le char de l'arc de triomphe de la place du Carrousel et qui, elle aussi, subit un injuste exil.

Pauvres statues !

RUE DÉCHUE

La rue Beautreillis, dont le charme vétuste constituait l'un des aspects les plus attachants de notre
vieux Paris, va être l'objet d'expropriations qui en
modifieront complètement l'allure et le cachet.

Elle avait été ouverte, au XVIe siècle, sur les
jardins du chancelier de Chypre, Philippe de Mézières,
le confident de Charles le Sage. Philippe avait enclos
son terrain de treilles palissadées d'une si belle venue
que le nom caractéristique de *Beau-Treillis* en demeura
attaché à la rue.

C'était, en un mot, un Thomery en miniature,
un Thomery... au petit pied.

L'une des plus vieilles maisons de cette rue, celle
portant le numéro 17, a été abattue dernièrement. Elle
avait pour jardin l'ancien cimetière Saint-Paul où
reposèrent François Rabelais et Armande Béjart,
ainsi que plusieurs des victimes de la Brinvilliers. La
tradition veut aussi que l' « Homme au Masque de fer »
ait été enseveli, sous le nom de « Marchiali », dans
cette nécropole. Au fond de l'enclos longeant l'église

Saint-Paul un tertre moussu sur lequel s'élève un fût de colonne brisée, à l'ombre d'une tonnelle où vignes vierges, lilas et herbes folles s'enlacent à l'envi, voilà la tombe du mystérieux personnage...

*
* *

Il y a quelques années on pouvait voir encore, fixé à la muraille de la maison faisant l'angle de la rue Beautreillis et de la rue Saint-Antoine, un énorme crampon de fer qui avait servi à attacher la chaîne que l'on tendait pour la nuit à l'entrée de la rue et aussi en plein jour en cas d'émeute populaire.

C'était sans doute le dernier vestige qui subsistât, à Paris, de ces primitifs moyens de défense ! Les rues de la Capitale, qui rougiraient sans doute maintenant de ce droit de s'isoler les unes des autres, jouissent aujourd'hui de leur affranchissement nocturne et, grâce à M. Lépine, d'une incontestable sécurité... relative.

Ces chaînes barrant les rues — cela devait leur donner une certaine ressemblance avec les routes d'Espagne voisines de nos frontières — parurent superflues quand l'éclairage de la ville au moyen de chandelles fit son apparition, en 1668. Leur raison d'être consistait aussi bien à sauvegarder des surprises importunes les franchises de la bourgeoisie, à laquelle appartenaient ses maisons comme le pavé est au Roi, qu'à empêcher les coups de main des malfaiteurs, noctambules de profession.

Ces raisons d'être ont disparu. La première surtout...

*
* *

Les Princes de Monaco, ducs de Valentinois, tinrent état et eurent leur Hôtel dans la rue Beautreillis.

On y voyait également l'Hôtel de M. de Plancy, président au Parlement ; les Hôtels de Charny et de Maupertuis, remplacés presque tous, de nos jours, par des hôtels... garnis.

Déchéance !

LE RÊVE DU « LYONNAIS »

Ce que cachent les pierres. — Vieux hôtels et vieux bazars.
Défilé de grands hommes.

Le Crédit Lyonnais a réalisé son rêve ; un rêve caressé depuis longtemps, paraît-il. On rapporte, en effet, que lorsque M. Henri Germain, son fondateur, vint, en 1868, inspecter la « succursale » qu'avait aménagée dans un petit local du boulevard des Capucines, au numéro 6, son secrétaire, M. Adrien Mazerat, il dit à ce dernier : « On n'est pas mal ici et pour un début, c'est suffisant. Mais il nous faudra traverser le boulevard. Il y a là, en face, entre les rues de Choiseul et de Grammont, un grand *caravansérail* qui est fait pour nous. Ouvrez l'œil sur le *caravansérail*. »

*
*

M. Mazerat ouvrit l'œil et, dès 1875, le Crédit Lyonnais s'installait à l'angle du boulevard et de la rue de Choiseul, dans l'ancien établissement Verry, un immense bazar qui, sous le nom de « Galeries de Fer », jouit pendant longtemps d'une vogue méritée.

Petit à petit le Crédit Lyonnais s'arrondit, achetant de droite et de gauche les immeubles qui l'enserraient et édifiant méthodiquement l'immense réseau de ses galeries.

Mais les voisins auxquels il se heurtait étaient parfois de puissants personnages. Témoin *la Nationale*, la vieille compagnie d'assurances, fondée par M. Bourceret — un Lyonnais tout comme M. Henri Germain. *La Nationale* ayant deux pieds — et deux pieds solides — l'un sur la rue de Grammont, l'autre sur la rue du Quatre-Septembre, opposa une héroïque résistance aux efforts de l'envahisseur... Aujourd'hui, le Crédit Lyonnais peut crier victoire.

Le dernier pan de muraille qui lui faisait obstacle vient de tomber sous la pioche ; il est désormais le maître incontesté du quadrilatère délimité par le Boulevard, les rues de Choiseul, du Quatre-Septembre et de Grammont et qui ne mesure pas moins de dix mille mètres carrés, un hectare... presque une chasse

Ce « caravansérail » avait, au temps jadis, abrité bien des choses.

Cette immense propriété, relevait, ainsi que tout le quartier environnant, d'ailleurs, de la puissante Maison de Choiseul qui commença, dès le milieu du XVIIIe siècle, d'en opérer le morcellement.

Un lot fut cédé à la Couronne qui y établit le siège administratif des '« Aides et Gabelles » et la « Régie générale ». Sous le Premier Empire, le Comte Duchâtel en était l'occupant.

La rue du *Deux-Décembre* devenue, par une brusque saute de vents... politiques, la rue du *Quatre-Septembre*, a éventré, en biais, cette importante demeure.

Puis venait une large porte cochère servant d'entrée à une avenue qui après avoir contourné l'Hôtel du Marquis de Chalabre prenait un débouché sur la rue de Grammont. Chalabre, ancien banquier des jeux de Marie-Antoinette, avait acquis cet hôtel de M. de Sartines, Ministre de la Marine, puis Lieutenant-général de la Police.

Ensuite c'était l'Hôtel de Saint-Chamans lequel se reliait lui aussi, par une avenue, au « Cours ». L'impasse de la *Glacière* — que nous avons encore connue et que recouvre le *hall* actuel du Crédit Lyonnais — remplaça cette avenue, bordée de maisons étroites dont l'une fut occupée par le « Musée d'antiquités judaïques » fondé par Strauss, auteur d'une longue lignée de musiciens célèbres dans le monde où l'on danse.

L'un d'eux, le « roi de l'archet » — dont le *Beau Danube Bleu* et les *Feuilles du Matin* figurent toujours au répertoire de la valse, — demeurait encore, en 1876, en ce lieu.

*
* *

Le célèbre manufacturier Oberkampf, — sa filature de coton de Jouy-en-Josas fut la première que l'on vit fonctionner en France — beau-père des deux Barons Mallet, se rendit acquéreur, le 21 floréal an IX, des deux hôtels faisant l'angle du Boulevard. L'un de ces hôtels était occupé, avant la Révolution, par « M. l'Envoyé du Danemark » ; l'autre avait été construit, vers 1780, sur les dessins de Bonnet, pour le compte de la marquise de Boufflers–Rouverel.

Sur le Boulevard même, s'élevait, en terrasse, au-dessus des *Galeries de Fer*, le « Cercle des Arts » ; c'est dans ce local qu'eut lieu l'un des premiers essais de l'éclairage par le gaz.

Tout à côté, après l'impasse de la *Glacière*, s'ouvrait le célèbre salon de modes de Delisle — le Worth de la Monarchie de Juillet — dont les lambris avaient pré-cédemment abrité la non moins fameuse Tontine Lafarge.

Les écuries du Duc de Choiseul s'ouvraient en bordure de l'actuelle rue de Grammont. Puis venaient les dépendances de l'Hôtel de Saint-Chamans dont nous avons déjà parlé, aménagées par les soins du Marquis de Saint-Chamans, lieutenant-général, gouverneur de Saint-Venant en Artois, Grand-Sénéchal d'épée de la province de Béarn et qui avait épousé la fille du Marquis de Souvré.

De ces dépendances on fit un hôtel particulier, où l'on vit, par la suite, l'architecte Huvé qui mit la dernière main à l'église de Sainte-Madeleine et M. Berger dont le fils se rattacha, à l'Hôtel de Ville, à la dynastie des « Grands Préfets » continuée jusqu'à nos jours par les de Rambuteau, les Haussmann et les de Selves...

M. de Vernage tenait en grand état l'hôtel suivant, celui que la *Nationale* occupait tout récemment encore et qui vient de tomber à son tour pour faire place au Crédit Lyonnais.

*
* *

Tel est l'historique singulièrement chargé de ce « coin de Paris » que l'opulent établissement financier a recouvert de ses cubes triomphants de pierres de taille, de ses *halls* gigantesques et de ses interminables galeries, tandis que ses caves constituent à elles seules une véritable petite ville.

Le Crédit Lyonnais a réalisé son rêve.

Il n'a plus de voisins !...

MARBRE HISTORIQUE

Sur une vieille maison de la rue Dauphine, *au droit* de la rue Mazet (jadis de la Contrescarpe) célèbre par son antique auberge du *Cheval Blanc*, on· peut voir, à la hauteur du premier étage, une plaque de marbre noir portant une inscription que l'injure du temps a singulièrement endommagée et sur laquelle se déchiffrent avec une peine extrême les mots suivants :

Du règne de Louis-le-Grand.

En l'année MDCLXX II, la Porte Dauphine qui estoit en cet endroit, a esté démolie par l'ordre de MM. le Prévost des Marchands et Eschevins, et la présente ins- cription apposée en exécution de l'arrest du Conseil du XXIII septembre audit an pour marquer le lieu où estoit cette porte.

Et servir ce que de raison.

Cette antique inscription, page importante de l'histoire de notre Vieux-Paris, gagnerait a été remise en état. La docte commission des Inscriptions Parisiennes ne manquera pas d'y faire passer l'éponge et le pinceau libérateurs de l'oubli.

Trois autres plaques semblables se voient encore sur les murs parisiens : l'une au commencement de la rue Mouffetard relative à la porte Saint-Marcel ; la seconde, rue Picpus, 88 ; la troisième, rue Paillet (jadis Saint-Hyacinthe), rappelant le souvenir de la Porte Saint-Jacques.

On sait que pendant quelques années, la rue Dauphine porta le nom de rue de Thionville, en vertu d'une décision du Conseil général en date du 27 octobre 1792 qui donna également le nom de Lille à la rue de Bourbon.

Ceci pour récompenser les deux villes qui venaient de constituer, par une héroïque défense, le « Boulevard de la Liberté... »

FEU L'IMPASSE

L'impasse Villehardouin, au Marais, va disparaître de la nomenclature de la voirie parisienne ; elle a été « déclassée » et vendue à un particulier qui doit y édifier une usine.

Elle ne se composait que de quelques sordides bicoques qui s'appuyaient à une superbe demeure de la rue Saint-Gilles connue sous le nom d' « Hôtel de Venise » de ce qu'elle servit de résidence, de 1652 à 1720, à l'ambassadeur de la Sérénissime République.

Crébillon, celui qui disait : « Corneille a le ciel ; Racine, la terre ; il ne me reste que l'enfer... » ; Crébillon qui adorait les bêtes, et qui les aimait tant, déclarait-il, « parce qu'il connaissait trop bien les hommes » ; Crébillon demeurait, avec sa ménagerie, à l'angle de la rue Villehardouin et de l'impasse du même nom.

Un autre souvenir s'attache à l'impasse qui va se muer en usine. C'est dans l'une de ses masures, tout en haut sous les toits, que s'ébaucha chez l'abbé Carmano, la consparition du général Mallet.

Nous avons eu, il y a peu de temps, au théâtre une saisissante restitution de ce dramatique décor.

———

EN SOUVENIR DU « SONNET »

A l'angle du quai de Béthune et de la rue Budé, une maison d'apparence cossue se signalait à l'œil du passant par l'élégance de ses balcons cintrés s'appuyant sur des supports de fer forgé de la « bonne époque ».

Une autre particularité sollicitera désormais, sur cette demeure, l'attention du promeneur ; nous voulons parler de la plaque commémorative qui vient d'y d'être apposée pour rappeler que c'est là que naquit Félix Arvers, l'auteur de l'impérissable « Sonnet » qui fut publié, en 1850, dans un recueil de poésies intitulé : *Mes heures perdues*.

Comme son énigmatique inspiratrice — en connaîtra-t-on jamais le nom ? — Félix Arvers mourut ignoré... C'est à la triste maison Dubois qu'il expira après avoir longtemps demeuré passage Chausson — aujourd'hui rue Pierre Chausson — du côté du Château d'Eau.

Pauvre Arvers !

> *Sa vie eut son secret ; sa mort eut son mystère...*

PONT-ROYAL

L'été de 1906 aura été particulièrement dur pour le Pont-Royal, lequel, déjà très *passant* par lui-même, a hérité de toute la clientèle de son voisin immédiat, le Pont des Saints-Pères, atteint, lui, d'un affaiblissement général.

Notre pont, du faîte duquel on jouit de la plus belle vue qui soit au monde — le maréchal Catinat dit qu'il s'y rendait tous les jours pour y admirer le double panorama de la Seine — date de 1686.

Jusqu'en 1632 il n'y avait d'autre communication entre les Tuileries et le faubourg Saint-Germain qu'un *bac* qui a laissé son nom à la rue y aboutissant. Un sieur Barbier construisit à cette époque un pont de bois qui s'est successivement appelé *Pont Barbier*, *Pont Sainte-Anne*, puis *Pont-Rouge*.

A la suite du dégel formidable de 1684, une crue subite l'emporta. Le Roi donna ses ordres pour qu'on le remplaçât, à ses dépens, par un pont de pierre digne de la magnificence de son règne. La rivière, très resserrée dans son lit en cet endroit, y étant aussi plus profonde et plus rapide, fit naître de nombreuses difficultés pour sa construction. Force fut à Louis XIV de faire venir en France, pour diriger les travaux, le Frère François Romain, Religieux Dominicain, qui venait de mettre la dernière main au Pont de Maëstricht, « ce qui lui avait mérité, lisons-nous dans l'*Almanach du Voyageur à Paris*, une gratification considérable des Etats de Hollande. »

François Romain, arrivé à Paris au mois de janvier 1685, après avoir examiné les difficultés et en avoir conféré avec Jules Hardouin Mansard, alors premier architecte du Roi, et avec Gabriel, entrepreneur de l'ouvrage, se chargea de la construction de ce pont difficile et le mena à l'état de perfection où nous le voyons de nos jours encore. Les fondations en furent jetées le 25 octobre 1685.

Sur l'un des éperons de l'arche la plus voisine des Tuileries, une échelle métrique mesure la hauteur des eaux de la Seine .et indique les plus fortes crues observées.

*
* *

Une légende, assez accréditée pour un temps, voulait que le cercueil renfermant les restes de l'habile architecte, ait été encastré dans le massif de l'une des piles du pont.. La vérité est tout autre, et s'il est exact qu'un « long coffret fait de plomb et de cèdre » ait été enfoui dans l'épaisseur du pont, ce coffret n'a jamais contenu que treize médailles se rapportant, chacune, à un évènement mémorable du règne de Louis le Grand. De ces médailles, douze sont en argent ; la treizième, d'or, pèse « un marc, sept gros et quatorze grains »...

LES ÉCHAUDÉS DE PARIS

La petite et curieuse rue de l'Echaudé-Saint-Germain va perdre, sous peu, pour cause d'élargissement, toute une rangée de ses vétustes façades. Elle a déjà été attaquée à son débouché sur la rue de Seine et à la place de la maison démolie, un grand trou béant permet d'entrevoir les beaux ombrages de l'ancien jardin de Balzac, rue Visconti.

Paris comptait jadis trois rues de l'Echaudé : celle dont il s'agit ici ; la rue de l'Echaudé-Saint-Honoré, proche des Halles, disparue en 1854 ; enfin la rue de l'Echaudé-au-Marais, devenue la rue Debelleyme.

La dénomination très caractéristique de ces trois vieilles voies parisiennes ne peut se réclamer en aucune façon, comme on le pourrait croire à première vue, de l'art culinaire. Elle ne relève que de la topographie. Jalliot nous apprend, en effet, que l'ancienne Edilité parisienne donnait le nom d'*échaudé* à un îlot de maisons coupé en fichu par trois rues ; et telle est bien la disposition de l'*échaudé* qui nous occupe.

Pendant quelques mois, la rue de l'Echaudé-

Saint-Germain prit le nom de *Durnstein*, en souvenir de la victoire remportée par les Français sur les Autrichiens, le 14 novembre 1805.

La paix faite, l'Edilité qui tenait à son vieil *échaudé* en remplaça l'inscription sur les plaques municipales, mais, encore une fois les pâtissiers, — non plus que les chats qui craignent l'eau froide — n'ont rien à voir ici. Il y a *échaudés* et échaudés...

SOUS LA PRÉSIDENCE DE... LOUIS XIV !

L'autre jour, l'Orangerie de Versailles était en fête. Le *Touring-Club* de France y célébrait, en effet, par un banquet monstre, l'admission de son « cent-millième » membre.

Les agapes furent présidées par... Louis XIV, en personne ! Au centre, en effet, de l'immense salle qui, d'ordinaire, abrite les célèbres orangers de Versailles dont le doyen — le « Grand Bourbon » — fut acquis en 1530, après la confiscation des biens du connétable de Bourbon, se dresse, altière et superbe, la statue en marbre du Grand Roi, par Desjardins.

Louis XIV y est représenté, vêtu à la romaine, tenant son bâton de commandement et ayant un casque à ses pieds.

Cette statue qui, primitivement, était destinée à orner la place des Victoires, fut mutilée pendant la Révolution. La tête en fut sciée et disparut... Elle fut remplacée en 1816, mais les traces de la section opérée en 1793 sont encore très visibles.

LA RUE AUX OURS

Une Doyenne. — Grandeur et Décadence de la rôtisserie parisienne. — La roue d'Ixion. — Dicton populaire. — Notre-Dame de la Càrole. — Le Suisse de la rue aux « Oües ».

Un tout récent décret vient de prononcer l'expropriation de la rue aux Ours — ou plutôt de ce qui restait de l'ancienne rue aux Ours — qui jadis réunissait les rues Saint-Denis et Saint-Martin et qui, successivement éventrée par le Boulevard Sébastopol et la rue Etienne-Marcel, ne compte plus aujourd'hui que cinq ou six maisons branlantes et rongées de vétusté.

C'est que la rue aux Ours peut compter parmi les doyennes de la voirie parisienne. Elle existait déjà en l'an 1300 et dans son fameux *Dict des Rues de Paris* Guillot nous la décrit sous le nom de rue « aux Oües » — c'est-à-dire « aux Oies » — et ceci en vertu d'une double particularité qu'il importe de relever.

*
* *

La rôtisserie — une vieille industrie parisienne qui disparaît de jour en jour — jouissait au Moyen-Age, d'une vogue considérable et pleinement justifiée. Elle comptait dans Paris deux « Quartiers-Généraux », l'un sur la rive droite, dans la rue qui nous occupe, l'autre sur la rive gauche, dans la rue de la Huchette qui, elle, était déjà entièrement construite en 1284.

Dans son amusant *Tableau de Paris*, Mercier a écrit ceci : « Il n'y a rien de plus agréable à Paris « que ces rues en raison des boutiques de rôtisseurs « et de la fumée succulente qui s'en exhale. On dit que « les Limousins y viennent manger leur pain à l'odeur « du rôt. A toute heure du jour, on y trouve des « volailles cuites, les broches ne désemparent point le « foyer le plus ardent : un tourne-broche éternel, qui « ressemble à la roue d'Ixion, entretient la torréfac- « tion *(sic)*. La fournaise ne s'éteint que pendant le « carême... »

*
* *

Sauval, lui, rapporte que dans la rue « aux Oües » —à l'intersection actuelle des rues Turbigo et Etienne-

Marcel — s'élevait l'église Saint-Jacques de l'Hôpital
(les Magasins des statues de Saint-Jacques nous en ont
conservé le souvenir) et qu'en raison des succulentes
effluves qui s'échappaient des nombreuses rôtisseries
voisines et venaient s'exhaler sur la façade de cette
église, on avait coutume, quand il s'agissait de
railler un gourmand, de se servir de ce vieux dicton :
« Il a le nez tourné à la friandise comme la façade de
Saint-Jacques de l'Hôpital... » Chaque année le jour
de la fête de saint Leu et saint Gilles avait lieu dans
notre rue la « fête aux Oües ». Un grand mat y était
dressé lequel portait à son extrémité un panier conte-
nant une grasse oie et six « blancs ». Celui qui
parvenait à escalader le mât, préalablement enduit de
graisse, avait en récompense le panier et son contenu.
Cette fête, inaugurée en l'an 1428, lors de la récep-
tion du Duc de Bedford à Paris, se perpétua jusqu'aux
environs de la Révolution. La rue qui nous occupe
méritait, on le voit, à un double titre le nom de rue
aux « Oües » lequel s'est mû en celui de rue
« aux Ours » par une simple corruption de langage
populaire analogue à celle qui a fait de la rue des
« Jeux-Neufs » (les jeux de paume qui se pratiquèrent
dans la rue du *Mail*, toute voisine) la rue des
« Jeûneurs », et de la rue « Gilles-le-Queux » (le cui-
sinier Gilles) l'incompréhensible rue « Gît-le-Cœur »,

et de la rue « Saint-Pierre », la rue des « Saints-Pères »...

*
* *

A l'angle de la rue « aux Oües » et de la rue Salle-au-Comte (remplacée de nos jours par le Boulevard Sébastopol), on voyait encore, vers 1750, une statue de la Vierge protégée par une grille de fer devant laquelle brûlait une lampe toujours allumée : on l'appelait *Notre-Dame de la Carole*. Suivant la tradition, le 30 juin 1418, un soldat sortant d'un cabaret voisin, en état d'ébriété, avait porté un coup d'épée à la statue d'où le sang jaillit aussitôt. Saisi par la foule, le soldat fut mis à mort séance tenante. La statue de Notre-Dame de la *Carole* — (le fait s'était passé sous le règne de Charles VI (*Carolus*) — fut transportée en l'église Saint-Martin-des-Champs.

Tous les ans, le 30 juin, il y avait foule autour de la statue mutilée. On y brûlait des cierges, on y allumait un feu d'artifice et on y livrait aux flammes un mannequin désigné sous le nom du *Suisse de la rue aux Oües*. La Révolution renversa la statue, mais les diverses péripéties de ce drame avaient été retracées dans un curieux tableau qui pouvait se voir encore, il y a une vingtaine d'années, dans l'église Saint-Leu-

Saint-Gilles, toute proche du lieu où s'étaient passées ces scènes.

Une grande maison à cinq étages a remplacé, à l'angle du Boulevard Sébastopol, la vieille chapelle Notre-Dame de la *Carole*. C'est dans cette maison même que se produisit, le 22 février 1904, une terrible explosion qui fit plusieurs victimes et endeuilla tout Paris.

*
* *

Au moment où les derniers vestiges de la rue « aux Oües » vont disparaître à tout jamais, il nous a paru intéressant de fixer ici les curieux et attachants souvenirs qui s'y rattachent.

Paris oublie si vite !...

LES MÉFAITS DE LA PIOCHE...

La pioche du démolisseur est à la veille de commettre un nouveau méfait. Déjà elle s'est attaquée, en bordure de la rue Boissy-d'Anglas, aux « dessous » de l'Hôtel Crillon dont la façade imposante se développant sur la place de la Concorde nous sera — elle — heureusement conservé, grâce aux prévoyantes Lettres-Patentes signées par Louis XV le 21 juin 1757 qui imposent, à la plus belle place qui soit au monde, une intangible symétrie extérieure. Mais la fâcheuse pioche va continuer son œuvre hypocritement; l'envers de l'Hôtel Crillon est déjà sens dessus-dessous et ses voisins immédiats sont menacés, eux aussi, paraît-il, de mordre bientôt la poussière.

On regrettera peu les immeubles relativement modernes qui, aux numéros 6 et 8 de la rue Boissy-d'Anglas, ont remplacé l'ancien hôtel de Mlle Lorphelin — une rivale de Mme Campan — qui eut pour successeurs, en cet endroit, le maréchal Serrurier, puis le duc de Raguse, enfin le comte Pelet (de la Lozère).

On regrettera beaucoup, par contre, — s'il doit disparaître à son tour — l'hôtel suivant. Il se signale à l'œil du passant par les deux colonnes qui en décorent le seuil, par sa superbe porte cochère — elle est unique dans Paris — ornée de glaives, de casques et de trophées, et par son fronton aux armes, aujourd'hui effacées, du maréchal Junot, duc d'Abrantès, le lieutenant de Napoléon Ier.

La marquise de Cauvisson avait jeté les plans de ce superbe Hôtel qui, avant d'être occupé par Junot et par sa femme, née de Permont, l'auteur des si intéressants *Mémoires* que l'on sait, servit à plusieurs reprises à l'exposition des diamants de la Couronne.

L'Hôtel d'Abrantès communiquait naguère avec le faubourg Saint-Honoré par une avenue qui aboutissait à un jardin, encore existant, entre cet Hôtel et celui portant le numéro 11 de la rue Royale construit, celuici, par le célèbre architecte spéculateur,

André Aubert, cautionné par M. Rouillé de L'Estang, déjà propriétaire, sur la place Louis XV, de la superbe résidence dont héritera sa nièce, la marquise de Pastoret et dont l'*Automobile-Club* est aujourd'hui l'heureux et bruyant occupant...

Junot aimait les livres, les belles éditions, les manuscrits précieux et les gravures en première épreuve. Cette passion le ruina presque et, à sa mort, toutes les choses rares qu'il avait réunies, avec amour, en l'Hôtel de la rue Boissy-d'Anglas, furent dispersées au hasard des enchères.

Junot mourut gouverneur des Provinces Illyriennes en 1813.

Quant à la duchesse d'Abrantès, elle s'éteignit en 1838, dans une humble maison de retraite, à Chaillot... C'était une femme de tête, de cœur et d'esprit; ses écrits le prouvent.

La belle demeure qui nous occupe appartint pendant quelque temps aux princes de Beauvau, puis à la famille de Salverte.

Le baron Haussmann, sur lequel M. Jules Ferry fit son mot, amusant mais profondément injuste, des « Comptes fantastiques », y mourut, il y a quelques

années, dans un état très voisin de la gêne. Il y occupait un modeste appartement, tout en haut, presque sous les combles.

Au rez-de-chaussée de l'une des dépendances de
l'Hôtel Junot, l'acteur Lassouche, des « Variétés »,
qui ne se contentait pas de faire rire ses contempo-
rains sur les planches mais était un bibliophile fort
érudit, tenait une petite boutique de bouquinerie
fort achalandée. Il fit, paraît-il, de très brillantes affaires.

*
* *

On dit qu'une grande bâtisse pour voyageurs, qui
s'est déjà emparée de l'Hôtel Crillon, va se prolonger
rue Boissy-d'Anglas sur les vastes terrains dont nous
venons de rechercher l'histoire.

Si du moins la monumentale façade de l'Hôtel
d'Abrantès pouvait nous être conservée ! Sa disparition
suffirait, à elle seule, à nous faire regretter le « bon
vieux temps », le régime des Lettres-Patentes
auxquelles le Paris de 1906 doit de posséder encore,
dans leur intégrité extérieure, une place de la Concorde et une rue Royale, une place Vendôme et une
place des Vosges !

Ce régime avait du bon... Bonaparte, Premier
Consul, et, plus tard, Louis-Philippe n'hésitèrent pas

à l'employer en ce qui concerne les rues de Rivoli et des Pyramides *(Arrêté* du 1ᵉʳ Floréal, an X et *Ordonnance* du 12 février 1846).

« Lettres Patentes », « Arrêtés », « Ordonnances », le mot importe peu ! Il est certaines belles « façades » parisiennes qui devraient être mises à l'abri de la pioche du démolisseur...

VIEUX SYCOMORE

Entre les bâtiments lépreux de l'ancien Hôtel-Dieu et la si curieuse église Saint-Julien-le-Pauvre qui jadis lui servait de chapelle et qui est affectée, de nos jours, au culte grec, la rue de la Bûcherie dévale, malpropre, tortueuse et sordide. Tout est triste, tout est sombre dans ce vieux « coin de Paris »; tout y respire le cruel parfum de la souffrance...

Seule une note de fraîcheur et de verdure vient égayer ces parages noirs et voués à la douleur.

Elle est donnée par un haut et puissant sycomore qui, on ne sait comment, a poussé ses racines entre les pavés gluants de l'étroit trottoir de la rue de la Bûcherie, dans l'axe même de la rue Saint-Julien-le-Pauvre.

Fièrement, à chaque printemps nouveau, le vieux

sycomore dont le tronc vétuste est tout couvert de
mousse, se pare d'une riche frondaison.

*
* *

D'où vient-il ce vieux sycomore ? Comment a-t-il
échappé au massacre et pourquoi le laisse-t-on là,
tout seul, en plein trottoir, en dépit des règlements,
trop souvent inflexibles, qui régissent le service de
l'alignement de nos rues ?

On dirait, en vérité, qu'une sorte de « respect »
— analogue à celui qui, sur le nouveau boulevard
Raspail, a conservé trois ormes ombrageant naguère
la maison de Victor Hugo — a sauvé les jours du
précieux sycomore, dernier survivant d'un préau
ombragé qui jadis s'étendait au pied des murailles
de l'Hôtel-Dieu, ainsi que l'attestent des vues
anciennes et des plans conservés aux archives de
l'Assistance Publique.

Nous devions quelques lignes au sycomore, peu
connu, de la rue de la Bûcherie. Nous espérons
qu'elles n'attireront pas sur lui les foudres... de
l'administration et que longtemps encore, le vieil
arbre, à chaque « renouveau », poussera ses feuilles
frêles, légères et insouciantes en dépit de toutes les
tristesses qui l'environnent.

Qu'on nous conserve ce vestige de la vieille « flore »
parisienne et qu'on ne lui fasse pas subir le sort
qu'eurent sans doute à endurer ses congénères disparus : celui d'être convertis en bûches...

Dame ! rue de la Bûcherie...

AU PALAIS-BOURBON

*La Chambre étouffe. — Qu'on lui donne de l'air, mais pas
du côté du Pont de la Concorde ! — De Charybde en
Scylla. — Autour du Palais. — Le Rêve du Prince
de Condé. — Amours, Nymphes et Tritons. — La
statue de la Loi. — Elle reçoit des entorses ! — Sup-
plique à MM. les Questeurs. — Le mot de la Fin.*

A chaque législature nouvelle, nos Députés aug-
mentent en quantité — sinon en qualité — et tous
les quatre ans, régulièrement, la question se pose
d'agrandir la salle des délibérations dans laquelle —
promiscuité parfois fâcheuse — nos Honorables sont
littéralement entassés, malgré les opinions politiques
qui les séparent, les uns par-dessus les autres...

Donc, ces Messieurs veulent prendre de l'air ; c'est
fort bien. Mais cette fois-ci ils veulent prendre « grand
air »... et c'est moins bien. N'ont-ils pas rêvé, en
effet, pour arriver à leurs fins, de faire jeter bas le

beau fronton grec qui, à l'extrémité du Pont de la Concorde, cache le mur derrière lequel, trop souvent, « il se passe quelque chose » et de le remplacer par une façade plus en rapport avec « l'esthétique moderne » et l'art architectural contemporain ?...

Hélas ! trois fois hélas !... La fâcheuse idée !

On s'en est ému dans le monde de ceux qui s'intéressent aux souvenirs et à l'histoire de notre belle et chère capitale. On s'en est ému dans le monde de l'Art et la « Commission du Vieux Paris », dans laquelle se fondent harmonieusement les aspirations de ces deux mondes, a élevé une énergique protestation contre les velleités destructives de nos députés.

Ce cénacle vigilant autant qu'utile, qui a réussi à arracher à la mort tant et tant de nos vieux souvenirs parisiens, a, avec l'autorité qui s'attache à ses délibérations, appelé l'attention de notre sous-secrétaire d'Etat aux Beaux-Arts sur cet acte de vandalisme projeté.

On attendait beaucoup de M. Dujardin-Beaumetz ; hélas ! par une lettre toute récente adressée à M. le Préfet de la Seine, notre Surintendant fait savoir que la question ne concerne pas son service, les Bâtiments Civils, mais relève exclusivement de la questure de la Chambre des Députés. Nous voici donc tombé de Charybde en Scylla, et, en l'espèce, Scylla nous paraît cent fois plus dangereux que Charybde. Scylla, en effet, ne va-t-il pas être à la fois juge et partie dans l'affaire ?...

*
* *

Trois artistes, Melchior Girardini, Lassurance et Jacques Gabriel, se réunirent, on le sait sans doute, pour exécuter le palais que leur avait commandé Louise-Françoise de Bourbon.

Les travaux, commencés en 1722, durèrent vingt ans et la duchesse douairière de Bourbon n'habita que fort peu de temps le palais qu'elle avait ménagé à ses vieux jours. Elle y mourut, en effet, le 16 juin 1743.

Son petit-fils, Louis-Joseph, duc de Bourbon et prince de Condé, trouva la demeure insuffisante et rêva pour elle de nouvelles magnificences. Il obtint de l'Edilité parisienne que la rue de Bourgogne fût déviée, à son profit, de son cours rectiligne, de façon à se ménager, du côté de la rue de l'Université, une entrée monumentale. L'architecte Mathieu Le Carpentier fut chargé d'orner cette entrée d'un arc de triomphe, accompagné de galeries en colonnes isolées. Au centre de l'Arc, Papin avait sculpté les armoiries de la Maison de Condé soutenues par des figures allégoriques. De beaux péristyles encadraient la Cour d'Honneur et, sur l'avant-corps du palais, Apollon conduisait un char dont les coursiers fringants étaient retenus dans la bonne voie par les Génies des saisons. C'était l'une des plus belles œuvres de Guillaume Coustou.

*
* *

A ce palais était réuni l'ancien Hôtel de Lesparre de Lassay, remanié par l'architecte Bélisard. Le beau jardin qui l'entourait abondait en bosquets, en treillages et en « Boulingrins » dont la mode nous venait d'Angleterre où les *Bowling-greens* — véritables tapis de verdure — servaient au noble « jeu de boules », le « tennis » de l'époque. Le jardin aboutissait à de petits appartements avec salle à manger, salle de billard, boudoir et galerie de tableaux ; dans la coupole du salon, Callet avait peint une « Vénus à sa toilette ». Des nymphes cueillaient des fleurs pour la parer, des Amours attelaient des colombes à son char, tandis qu'Adonis partait pour la chasse, escorté de divinités champêtres. Au milieu des nuages qui planaient sur cette composition mythologique, était cachée une tribune où, les jours de fêtes, se plaçaient d'invisibles musiciens.

Que tout cela était donc joli et galant ! et comme

on nous l'a changé le « Palais-Bourbon » de nos arrière grands-pères !...

*
* *

Faisons le tour du Palais et, en passant, arrêtons-nous un instant devant la froide et morne statue qui orne le centre de la place, dans l'axe de la rue de Bourgogne.

C'est vers la fin du règne de Charles X que l'on songea à décorer cette place. On construisit un piédestal qui devait recevoir la statue du roi Louis XVIII.

La révolution de juillet fit avorter ce projet et le piédestal de la place du Palais-Bourbon demeura veuf de tout couronnement. Après la révolution de 1848 on eut l'idée d'y placer une figure colossale de la République dont le modèle en plâtre fut seul exécuté. Il fut décrété qu'elle serait remplacée par l'image de *la Loi* dont on confia l'exécution à Feuchères. Cette « Loi » est de marbre et elle fut érigée en 1855.

Jadis, une inscription en latin, gravée sur son piédestal, portait qu'elle avait été construite « par les soins du ministre de la Maison de l'Empereur, sous le règne bienfaisant de Napoléon III. »

Au 4 septembre 1870, la foule, avant d'aller acclamer Gambetta et M. Henri Rochefort, s'assembla autour

de la statue de « la Loi ». L'inscription en fut effacée
à coups de ciseau. Elle n'a jamais été rétablie depuis !

Quant à « la Loi » elle fut elle-même assez fortement maltraitée et quelques parties même en furent
brisées.

Ceci a été réparé.

Tout de même, il en est resté quelques « entorses »
à la Loi...

*
* *

Achevons notre tour. Nous voici devant le péristyle menacé de mort.

Ce beau « morceau » fut, on le sait, construit
de 1804 à 1807, sur les dessins de Poyet. Il se com-
pose de douze colonnes corinthiennes d'une superbe
proportion et est précédé d'un vaste perron large de
33 mètres et de 8 mètres d'élévation.

Ce que l'on sait moins c'est que ce fronton était
autrefois décoré d'un bas-relief par Fragonard, représentant la Loi assise entre les deux tables de la Charte
et appuyée sur la Force et la Justice. A droite, se
voyait l'Abondance suivie des Sciences et des Arts ; à
gauche, la Paix ramenant le Commerce. Les deux
extrémités se terminaient par des figures de fleuves.

A cette décoration fut substitué un autre bas-
relief — celui qui subsiste aujourd'hui — sculpté par

Cortot et représentant *la France entourée de la Liberté et de l'Ordre public,* ainsi que de différents génies figurant le Commerce, l'Agriculture, la Guerre, la Paix et l'Eloquence. Cette substitution fut opérée le 29 juin 1827, date à laquelle, après neuf ans de pourparlers avec les héritiers de Louis-Joseph, prince de Bourbon-Condé décédé en 1818, l'Etat devint propriétaire du « Palais-Bourbon » dont il n'était précédemment que simple locataire depuis la Révolution.

Détail peu connu. L'Ecole polytechnique, qui occupe maintenant l'ancien collège de Navarre, fut établie à son origine dans les bâtiments du Palais-Bourbon. Elle y resta jusqu'en 1805. C'est dans ce palais qu'eut lieu également, en 1806, la première exposition de produits de l'Industrie Française. Le Palais-Bourbon fut donc le grand-père du célèbre *Palais de l'Industrie* que nous avons tous connu aux Champs-Elysées.

L'heure de la rentrée parlementaire a sonné et il est probable que la question de la démolition de la façade du Palais-Bourbon sera portée incessamment à la tribune.

Puissent MM. les Questeurs de la Chambre ne pas

rester insensibles aux arguments si puissants de la docte « Commission du Vieux Paris » ! Puissent-ils entendre, en cette occasion, la voix de l'Art, du Bon Goût et de la saine Esthétique, celle qui tend à conserver à la Capitale ses beaux aspects et les belles perspectives devenues chères à l'œil des Parisiens !... Dussent-ils, pour y arriver — et puisque la Chambre doit s'agrandir — sacrifier à cet agrandissement quelques-unes des spacieuses et parfois inutiles dépendances des beaux appartements que la Nation met à leur disposition au sein même de notre Palais législatif.

Ce petit sacrifice, qui concilierait tout, ne sera sans doute pas au-dessus de leurs forces ?

Messieurs les Questeurs ne sont que trois. Mais ils ont de l'esprit — et du goût — comme quatre...

Qu'ils veuillent bien le prouver en écoutant ce « mot de la fin » !

FIN

TABLE DES MATIÈRES

Par ordre alphabétique

A

B

C

D

E

Q

R

S

W

Y

Librairie **HONORÉ CHAMPION**, Editeur

5, Quai Malaquais, PARIS

SELLIER (Charles), *conservateur-adjoint du musée Carnavalet.* **Curiosités historiques et pittoresques du vieux Montmartre**. 1904, fort vol. in-16 carré de ix-348 p., précédé d'une lettre préface de Lorédan LARCHEY et suivi d'un index.   4 fr.

Les carrières à plâtre, la Hutte-aux-Gardes, les fontaines, Montmartre vignoble, les moulins à vent, l'Observatoire et le télégraphe, le tombeau de la reine Adélaïde de Savoie, les sépultures conventuelles et paroissiales, le mont Marat, Alphonse Karr, garde national, les seigneurs de Clignancourt, la maison de la « Boule d'Or », le Château-Rouge, l'hôtel Labat, la porcelaine de « Monsieur », les bas-reliefs de l'avenue des Tilleuls, etc., sont ici les principaux sujets traités ; ils sont aussi les plus inattendus. Ces études ont toujours pour base des documents authentiques, la plupart tirés des *Archives*, des *Pièces originales* de la Bibliothèque nationale ou des historiens anciens. M. Sellier a démêlé dans ces documents historiques le curieux et le pittoresque, ce qui fait de son livre, en même que l'ouvrage le plus documenté sur Montmartre, celui qu'on lira avec le plus de profit, d'agrément et de surprise.

POÈTE (Marcel), *conservateur de la Bibliothèque de la ville de Paris.* **Les primitifs parisiens**. Etude sur la peinture et la miniature à Paris du xive siècle à la Renaissance. Leçons du cours d'histoire de Paris professé à la Bibliothèque de la ville. In-12 carré, planches.   3 fr. 50

Cette étude, toute nouvelle, est consacrée aux artistes parisiens' peintres et miniaturistes, du xive siècle à la Renaissance. Il s'agit donc ici de Pierre de Bruxelles, de l'école de Jean Pucelle et du Bréviaire de Belleville, de Jean Coste, de Jean d'Orléans, des peintres et miniaturistes des ducs de Berry et de Bourgogne dans leurs rapports avec l'Ecole parisienne, de Colart de Laon, de l'Ecole du Bréviaire de Salisbury ; de la formation des Ecoles provinciales, de leurs rapports avec Paris, etc. L'auteur termine par une vue d'ensemble sur les miniatures du genre de celles attribuées à Jacques de Besançon, et sur la peinture du genre de la déposition de la croix de Saint-Germain-des-Prés (fin du xve siècle). On trouvera dans ce volume d'intéressants documents inédits, des détails sur les primitifs parisiens qui n'avaient été jusqu'ici l'objet d'aucune étude d'ensemble.

Résidences (Les) parisiennes des Longueville-Neuchâtel. In-8, 2 héliogravures et 16 planches.   4 fr.